Biblioteca de Derecho Penal y Procesal penal

Carlos Pérez del Valle
(Director)

Carlos Antonio Agurto Gonzáles
Sonia Lidia Quequejana Mamani
Benigno Choque Cuenca
(Coordinadores Generales)

Reinhard Frank
Profesor de la Universidad de Múnich

Estructura del concepto de culpabilidad

Edición al cuidado de
Carlos Antonio Agurto Gonzáles
Sonia Lidia Quequejana Mamani
Benigno Choque Cuenca

Ediciones Olejnik

Título: Estructura del concepto de culpabilidad

© Reinhard Frank

Traducción de Sebastián Soler

© Ediciones Olejnik
Huérfanos 611, Santiago - Chile
E-mail: contacto@edicionesolejnik.com
Web site: http://www.edicionesolejnik.com

Primera edición en Ediciones Olejnik: 2021

ISBN: 978-956-392-990-4

Diseño de Carátula: Ena Zuñiga
Diagramación: Luis A. Sierra Cárdenas

Impreso en Argentina 2021 Printed in Argentina

ÍNDICE

ESTUDIO PRELIMINAR
CULPABILIDAD REAL Y CULPABILIDAD PRESUNTA EXAMEN DE LAS TEORÍAS LLAMADAS PSICOLÓGICA Y NORMATIVA

Sebastián Soler

ESTUDIO PRELIMINAR

Culpabilidad real y culpabilidad presunta

Examen de las teorías llamadas psicológica y normativa

Sebastián Soler
Profesor de Derecho penal en la Universidad de Buenos Aires

1. El peligro de las clasificaciones

Uno de los males mayores inferidos al pensamiento jurídico es el de la clasificación de doctrinas y teorías sobre la base de motes. Con ellos, una producción jurídica copiosa y superficial se ha complacido en crear contraposiciones y en colocar a las ideas en falsas simetrías, generalmente bilaterales, que dejan perplejo al lector entre posibilidades antagónicas, provocan ciertos escepticismos acerca de la validez de los conocimientos jurídicos y proyectan la sospecha de arbitrariedad sobre toda construcción dogmática.

En esta ocasión, sin embargo, solo de paso nos referiremos a la falacia de esta especie de escepticismo, porque nos proponemos examinar, con referencia concreta al problema de la culpabilidad, en qué manera desfavorable ha gravitado aquel estilo doctrinario para la real comprensión del tema jurídico o del objeto sometido a examen y reflexión.

El defecto en aquella presentación de temas jurídicos proviene en gran medida de un enfoque gnoseológico muy difundido en los tratados latinos de derecho, incluso a veces en el mío, consistente en no referirse directa e inmediatamente al objeto de conocimiento, sino a la opinión que sobre él tienen otros juristas, como si aquél solamente existiera como «objeto pensado» y no como «objeto en sí». Las exposiciones suelen así asumir la forma teratológica de inventarios interminables de teorías y opiniones, para concluir en una especie de balance precartesiano de autoridades, que transforma la investigación de la verdad en una especie de escrutinio electoral.

La dogmática jurídica moderna ha enseñado a pensar, acaso con más modestia, pero con precisión mucho mayor, sobre todo por haber delimitado con exactitud el objeto sobre el cual las reflexiones deben recaer: el material normativo preexistente, que debe ser objeto de elaboración sistemática. Desde luego, ese material no es una producción *ex nihilo;* está compuesto de pensamientos; pero los pensamientos cristalizados en una norma o en un complejo de normas son principios compulsivos y no meras opiniones; ellos describen comportamientos realmente debidos, y por eso la determinación de su contenido y alcance requiere una forma especial y, diríamos, intensificada de prudencia.

Como se ha determinado con firmeza que esa es, la meta de todo estudio dogmático, se corren menos riesgos doctrinarios, porque entonces la erudición adquiere el verdadero sentido que debe tener, coadyuvante para la propia reflexión y no eximente de ella. Y sobre todo, se corre menos el riesgo del trasplante precipitado de teorías, que muchas veces tienen una razón de ser estrictamente limitada al sistema jurídico para el cual fueron compuestas, y que solo como ejemplos aleccionadores deben ser estudiadas en otras partes.

Un tema en el que se ha abusado en los últimos tiempos de las exposiciones teóricamente recargadas y del empleo de motes encasilladores es, según digo, el tema de la culpabilidad. El trabajo constituye punto de arranque de una serie de construcciones doctrinarias sobre el problema de la culpabilidad es el de Reinhard Frank, *Ueber den Aufbau des Schuldbegrifs,* publicado en 1907. Se lo considera como la base de la llamada *teoría normativa* de la culpabilidad, por oposición a la llamada *teoría psicológica.* Pues bien, resulta curioso verificar la protesta del propio Frank, ya en ese tiempo, contra el empeño de colgarle motes a sus teorías de la culpabilidad dolosa. «Por mucha que sea —dice— la prudencia del autor —y yo me puedo jactar dé ella— la capacidad de ellos (de los motes) para crear contraposiciones carentes de fundamento real, se cumplen a pesar de todo»[1].

2. La falsa oposición de las doctrinas psicológicas y normativa

El error de tales contraposiciones, en efecto, suele comenzar con los rótulos, y en el caso de las doctrinas acerca de la culpabilidad así

[1] *Uber den Aufbau,* 6. También Mezger, *Strafrecht,* 33, núm. 6, señala lo exagerado de estas contraposiciones: un puro psicologismo no ha existido nunca.

ocurre: la inexactitud comienza con las designaciones que aquéllas han merecido: teoría *psicológica* y teoría *normativa.* El examen más superficial de los términos calificadores muestra ya una falsa contraposición, y parecería sugerir que la llamada teoría psicológica, fuese, por oposición, necesariamente, una teoría extranormativa o prenormativa o naturalista.

Lo que cuenta, sin embargo, es el aspecto sustancial del problema. Para facilitar su comprensión nos servirán como referencias nuestra exposición del tema y las calificaciones y observaciones que ellas han merecido. Nuestra .exposición ha sido metida, sin resistencia mayor de nuestra parte, en el casillero que corresponde a los psicologistas.

La idea central que nos ha guiado al abordar el tema, sea que hayamos o no logrado traducirla, es la de llevar hasta el límite máximo posible el principio *nulla poena sine culpa*[2].

Siempre nos ha parecido que la historia del derecho muestra una evolución o ascenso hacia el logro de ese principio, y que él corresponde a un reconocimiento efectivo de la dignidad personal del ser humano, como ser autónomo, autoconsciente, libre y dotado de fuerza espiritual creadora. En ese proceso, a nuestro juicio, hoy ya puede afirmarse con validez, a lo menos para la mayoría de las legislaciones penales de occidente, que han quedado eliminadas casi todas las formas «ficticias» de culpabilidad, o cuando menos, afirmada la tendencia a eliminarlas.

La «culpabilidad», sin embargo, es en derecho un término que puede ser empleado en un sentido muy general para referirse a la imputación de ciertas consecuencias jurídicas, cuando se da en la realidad una situación que la norma repudia. La norma jurídica, a diferencia de la norma moral, que ante la transgresión se queda pasivamente herida, reacciona contra la lesión, y lo hace siempre de una manera concreta y definida. Esa reacción, comporta, también invariablemente, una obligación de alguien, una consecuencia que alguien debe soportar. En la determinación de ese sujeto para imputarle tales consecuencias es donde se ha cumplido aquel proceso evolutivo.

---

[2] En la literatura castellana moderna, esa preocupación está bien en primer plano en los trabajos del Padre JULIÁN PEREDA S. J., conf. *El «versari in re illicita»*, Reus, 1948; *El concepto normativo de la culpabilidad*, «Anuario de Derecho Penal y Ciencias Penales», t. II, 1949, págs. 21 y sigs.

No debe sorprendernos que esa evolución se muestre más patente en el plano del derecho penal que en otros. En primer lugar, la mayor gravedad de sus sanciones pone más de resalto la necesidad de adecuación perfecta entre el sujeto de la sanción y el sujeto creador de la situación antijurídica. Toda desviación de esa línea es hoy sentida como una violenta injusticia. Después, téngase presente que las sanciones del Derecho penal presentan todas una cierta uniformidad, un denominador común, a lo menos, en cuanto consisten en una retribución. Las restantes sanciones del Derecho, aun cuando todas ellas consistan en reposiciones o en reparaciones, asumen formas tan variadas que a veces hasta parecen perder el carácter de consecuencias de una acción y asumir *el* inocente aspecto de la imputación de algo eventualmente no deseado, como ocurre con algunos Casos de aceptación tácita de herencia y en otros *jacta concludentia.*

3. Formas objetivas de responsabilidad

Acaso por efecto de esa equívoca variedad, en las teorías de derecho privado se suele incurrir en un pecado, diríamos, de ingenuidad modernista, consistente en señalar como un adelanto, impuesto a la teoría jurídica por las exigencias de los grandes progresos de la vida presente, la adopción de nuevas formas de responsabilidad que no traben el desarrollo de esas actividades, en cuyo dinamismo y vivacidad se ve un valor digno de reclamar consideración prevaleciente. De esa actitud proviene que algunos juristas vean como un progreso moderno de las leyes la adopción de formas objetivas e impersonales de responsabilidad[3].

No es del caso que nos detengamos a examinar en detalle estos, enfoques; solamente queremos dejar establecido que frente a las normas impuestas por esas exigencias de la vida moderna, de la técnica, del tráfico y del tránsito multiplicados, el jurista puede adoptar dos actitudes: la de considerarlas regulaciones jurídicas no solamente nuevas, sino deseables y dignas de extenderse y la de considerarlas un mal más o menos necesario. Los contratos de adhesión, la

[3] Señalan correctamente la importancia del aspecto culpable para la responsabilidad civil, JORGE J. LLAMBÍAS, en *El derecho no es una física de las acciones humanas.* «La Ley», julio 12, 1962; ROBERTO H. BREBBIA, *Accidentes de Automotores,* Buenos Aires, Omeba, 1961, excelente monografía cuyo interés va mucho más allá del título del libro. Cita, en c. de la responsabilidad sin culpa; C. Civ. 1a., Cap., agosto 31, 1934; Jurisp. Arg., t. 47, pág. 586; C. Nac. Civil Cap., agosto 16, 1954 «La Ley», t. 76, pág. 725, y S.C. Tucumán, dic., 5, 1951, «La Ley», t. 67, pág. 199.

responsabilidad objetiva, las presunciones de culpabilidad, la regulación administrativa de precios y de servicios, la anulación del valor obligante o liberatorio dé la voluntad privada bajo el pretexto de orden público, la responsabilidad penal de personas jurídicas y otros temas de este mismo tipo, muchos de ellos menos modernos de lo que se supone tienen todos en común, si bien se observa, un sentido de desvincular la consecuencia jurídica de la voluntad real del sujeto. Ocurre como si la consecuencia jurídica le fuera impuesta al sujeto desde afuera.

Claro está que toda consecuencia jurídica es siempre impuesta desde afuera; para eso es el derecho un sistema coactivo de normas. Pero ese sistema, en sí mismo, puede estar compuesto tomando o no en cuenta la interioridad del destinatario de la sanción o de la consecuencia jurídica. En esto los márgenes pueden ser muy amplios: desde el mantenimiento invariable de una máxima consideración hasta una plena indiferencia. En cuanto a la responsabilidad penal, sin embargo, parece claro que un largo proceso histórico cultural se ha cumplido en el sentido de aproximar la *exigencia* a la real capacidad, hasta el punto de que *nulla poena sine culpa* y *ultra posse nemo obligatur* parecen traducir la misma idea vista de diferentes ángulos.

Esta clase de orientaciones de la evolución de la cultura humana se alcanza a ver bien cuando se consideran distancias temporales muy amplias. Hay que pensar lo que han sido las reglas de responsabilidad en sociedades y legislaciones primitivas, para verificar el largo camino realmente recorrido. Y en el plano teórico, hay que comprobar las vacilaciones, los desvíos del pensamiento y la dificultad con que van abriédose paso las intuiciones proyectadas hacia una acertada dirección, y cómo el proceso se va cumpliendo a pesar del lastre de temporarios intereses y errores. Desde el Código de Hammurabi a los códigos modernos, las diferencias son profundas y manifiestas. No lo son tanto, sin embargo, o acaso no tan perceptibles, cuando la comparación tiene lugar entre leyes temporalmente más" próximas entre sí, o entre diferentes corrientes doctrinarias contemporáneas. Para percibir con nitidez las discrepancias en este último caso, es indispensable cierto grado de afinamiento en el análisis, porque hoy por ejemplo,, sea cual sea su actitud con relación a la teoría de la culpabilidad, ningún teórico aceptaría como posible la norma talonial del Código de Hammurabi, según la cual debe perecer el hijo del arquitecto cuando murió, al caer la casa construida por éste, el hijo de quien la habitaba.

Hasta puede ocurrir que las discrepancias de los juristas sean mucho más teóricas y conceptuales que prácticas, en cuanto a sus resultados, y que, en definitiva, sea por vía de regla, sea por vía de excepción, se concluya dando al caso límite la misma solución.

4. El equívoco de la responsabilidad

Pues bien, esa idea central me ha inducido siempre a pensar que la teoría de la culpabilidad, sean cuales sean sus desarrollos, debía partir de un hecho fundamental e imprescindible: la existencia real en el sujeto de algo que funde y justifique cualquier reproche que le hagamos.

No es fácil contestar, cuando se pregunta qué es eso en que se dice consistir la culpa; pero hay un punto en el cual las exigencias de aquella idea genérica y dominante parecen afirmarse sólidamente: se debe tratar dé una situación o actitud interna y real del sujeto culpable. Prescindiendo de cualquier otro aspecto del delito, la imposición de la pena, debe encontrar en aquella realidad la razón *suficiente.*

Por eso nunca nos pareció ni satisfactorio ni afortunado definir la culpabilidad como reprochabilidad. Claro está que la culpabilidad hace: reprochable al sujeto; pero o bien el reproche se funda en algo subjetivo o bien no, y el reproche es entonces formulado desde afuera. En el primer caso, es evidente la razón que asiste a Binding cuando dice que definir la culpabilidad como reprochabilidad importa un υστερον πρότερον[4]. Si el reproche está fundado en la existencia de algo, «la culpa está ahí antes de que el reproche sea hecho»[5] y el término «reprochabilidad» no nos dice en qué se funda. El reproche es un *efecto* de algo meramente aludido, pero no aclarado.

Pero, según decimos, el reproche puede ser formulado sin la pretensión de que su justicia solamente pueda derivar de aquella fuente subjetiva. Mejor dicho, la justicia puede no ser la única razón determinante de las soluciones del derecho, que es una regulación externa, a cuya eficacia acaso sea razonable hacerle algunos sacrificios en nombre del orden y de la paz. Antes de tomar demasiado a la ligera esta última posición y rechazarla, es oportuno tener presente el principio secular según el cual se presume el co-

---

4 Binding, *Normen,* II, pág. 282 (nota 32, III).

5 Binding, *Normen* II, pág. 275.

nocimiento de la ley, y el consiguiente rechazo de toda excusa fundada en la ignorancia de Derecho. Es indudable el carácter externo y, por decir así, autoritario, de una imputación sorda a todo clamor de inocencia, solamente porque el afectado la funda en que ignoraba la existencia de una prohibición. Sin embargo, muchos son los que creen sumamente peligroso apartarse de aquella ficción jurídica sobre la cual ven fundada la heteronomía de todo el sistema jurídico.

Nos haremos cargo más adelante de los problemas que plantea esta segunda actitud; pero volvamos a la primera, porque con respecto a ella existen varios equívocos necesitados de aclaración.

A los que, siguiendo aquella enseñanza de Binding, buscan la culpabilidad como un dato subjetivo real, se los ha llamado, según vimos, psicologistas[6].

5. Equívoco psicologista

Comencemos por señalar que el rasgo fundamental de esa actitud, .a lo menos desde nuestro punto de vista, consiste en exigir *el carácter subjetivo real* de una base sobre la cual se hace recaer el reproche. El acento va puesto, por tanto, sobre *su realidad,* entendiendo con ello oponer una valla o reparo a toda sustitución o escamoteo de esa realidad por una *presunción o una ficción de culpa.*

Esa exigencia de realidad y de subjetividad sumadas, lleva de la mano hasta la afirmación según la cual se trataría de algo psíquico. Esto último debe ser concedido, pero no sin ciertas reservas, porque lo psíquico es un campo vasto y misterioso cuyos fenómenos pueden presentar entre sí diferencias muy grandes. La inobservancia de esas variantes de parte de algunos críticos nos ha valido el reproche de inconsecuencia con la posición psicologista en la que se nos ha encasillado. El reproche proviene sobre todo de nuestra insistencia en que la culpabilidad, en su aspecto intelectual[7], contiene una doble referencia: por un lado, en el sujeto debe existir cierta referencia a hechos; por la otra, cierta referencia a normas y, por tanto, a valores. En una palabra, no nos parece exacto decir que la culpabilidad

---

[6] Frías Caballero hace derivar el psicologismo del positivismo atribuyéndonos así un parentesco que nunca nos fue imputado. Conf.: *Notas sobre la teoría normativa de la culpabilidad,* «La Ley», t. 65, pág. 845.

[7] Rogamos al lector sobreentender que prescindimos deliberadamente en lo que sigue del aspecto volitivo, para limitarnos al aspecto intelecto-representativo de la culpabilidad.

psíquicamente «conste de un solo elemento»[8] y este elemento se referiría exclusivamente al hecho externo como puro hecho. FRÍA CABALLERO, más firme en la imputación de inconsecuencia, nos reprocha que no construyamos —como si ello fuere posible— los conceptos de error y de coacción de un modo puramente psicológico, pues, según su modo de ver, un psicologista consecuente debe sostener que el error destruye el *elemento psicológico* de la representación. Para especificar con un ejemplo en qué consiste ésta, dice que en un caso de homicidio «quien mata, debe saber que mata a un hombre». Es decir, la culpabilidad estaría dada por ese solo saber de una situación de hecho[9].

Esas observaciones provienen de que, según nuestra manera de ver, el sujeto, para ser culpable, debe tener conciencia no solamente de lo que esté pasando por su obra en el mundo externo, sino *del sentido* de ello, de su valor negativo. A este elemento se han opuesto varias objeciones: 1.°, la existencia de la llamada «culpa inconsciente»; 2.°, el carácter objetivo de la antijuridicidad; 3.°, la admisión del error de hecho como única forma de error excusante, y 4.°, el hecho de que la coacción no afectará los elementos psicológicos del dolo[10].

Las dos primeras reservas tienen poca razón de ser. La expresión «culpa inconsciente» pertenece a la doctrina, y puede ser inadecuada frente a un sistema estrictamente fundado en el principio *nulla poena sine culpa.* En todo caso, resulta equívoca, sea cual sea la doctrina, si es que con ella se quiere mencionar o postular una forma de culpabilidad estrictamente desprovista de todo subrato reprochable. En cuanto a la afirmación según la cual el reconocimiento de un elemento normativo en la culpabilidad estaría en pugna con el carácter objetivo que se atribuye a la anti juridicidad[11], es manifiesto que la relación que media entre la ilicitud y su representación no es sino un caso más de la relación general sujeto-objeto. El carácter objetivo de las cosas y de los objetos ideales no comporta ni

---

8 Así, R. NÚÑEZ, *Bosquejo de la culpabilidad,* págs. XXIII y sigs. Introducción a la traducción de la obra de J. GOLDSCHMIDT, *La concepción normativa de la culpabilidad,* Buenos Aires, De Palma, 1943. Sobre este trabajo, conf. ROBERTO A. M. TERÁN LOMAS, en «La Ley», t. 37, pág. 924.

9 J. FRÍAS CABALLERO, op. cit.

10 R. NÚÑEZ, *La culpabilidad en el C. Penal,* Buenos Aires, De Palma, 1946, pág. 10 y sigs. La opinión de NÚÑEZ ha variado, al parecer, en este punto, aunque no con suficiente claridad, en *D. Penal Argentino,* ed. Omeba, t. II, página 21, esp. nota 25. FRÍAS CABALLERO, en op. cit.

11 Así, NÚÑEZ, *La culpabilidad,* pág. 12.

la imposibilidad de su reflejo o representación subjetiva ni la afirmación —por cierto, absurda— de su identidad con el objeto. Y lo mismo ocurre con los valores, cuya heteronomía no comporta para el sujeto ni un reconocimiento ni mucho menos un sometimiento. El individuo sigue siendo libre, aunque haya leyes naturales, principios lógicos y valores, y aunque él los conozca. Lo es incluso frente al imperativo categórico[12].

Todas esas objeciones son formuladas tomando más en cuenta las teorías generales que la ley positiva desde la cual nuestro desarrollo partía. Aquel discutido elemento no es traído de las nubes o del aire o de las teorías, como lo es, por ejemplo, la existencia de la «culpa inconsciente»; proviene directamente de una forma verbal propia de nuestra ley y, a nuestro juicio, muy afortunada. Nos referimos a la expresión «comprender la *criminalidad* del acto»[13].

Nuestro razonamiento era, en realidad, simple, si no es punible el que por ciertas causas, no ha podido «comprender la criminalidad del acto» y obrar sobre esa base, parece evidente que el culpable será el que obre no ya teniendo representaciones adecuadas de hechos externos, sino el que obre comprendiendo el sentido de su acción. La comprensión de la «criminalidad» del acto no es, pues, la

---

[12] Conf.: NICOLAI HARTMANN, *Ethik*, parte III. El conocimiento es más bien una condición que un obstáculo a la afirmación de la libertad de los hechos.

[13] Se ha dicho que ciertos filósofos alemanes modernos darían cualquier cosa a cambio de que pudieran disponer de los dos verbos castellanos «ser» y «estar». Tal vez la donación no fuera tan importante de parte de los penalistas con respecto a la «criminalidad del acto»; pero algo recibiríamos en compensación del préstamo, a juzgar por el abandono del texto del § 51 del C. p. referente a la libre determinación» (freie Willensbestimmung) que data ya de la reforma de 1933, seguida por los recientes proyectos, para adoptar una fórmula que tanto se parece a la nuestra; das Unrecht der Tat einzusehen oder nach dieser Einsicht zul handeln» (Proy. de 1960). Compárese: «comprender la criminalidad del acto o dirigir sus acciones». Hasta la famosa «o» que algunos han repudiado como un error, es piadosamente recogida. Prácticamente, la teoría normativa es toda ella anterior a esa reforma. NÚÑEZ cree que M. E. MAYER funda muy bien este punto, y que nosotros al apartarnos de la concepción culturalista, nos quedamos sin fundar sistemáticamente la afirmación de que la culpabilidad penal presupone la vinculación subjetiva del autor con el orden jurídico, por lo que nuestro sistema presentaría[1] en este punto «una solución de continuidad de carácter científico» (Conf. *La culpabilidad en el C. Penal*, pág. 13). Mientras no se trate de una solución de continuidad de carácter dogmático, el asunto no es grave. La ciencia es libre de exigir lo que le plazca; pero si el Código p. requiere que el sujeto tenga conciencia de la «criminalidad» del acto, parece obvio que se funda en una vinculación subjetiva, por lo demás, nada vaga ni «cultural», sino bastante precisa y concreta del orden normativo, con respecto al cual la criminalidad del acto queda constituida. La construcción de M. E. MAYER es muy anterior a 1933.

comprensión de un hecho neutro al valor, como cuando tenemos el dato psíquico de que hace viento o de que llueve.. La presencia actual en la coincidencia de una vivencia, no deja de ser real por el hecho de que en vez de referirse a un dato natural y externo se refiera a una relación, a un concepto, a un valor, a una norma.

En síntesis, tan errado me parece querer construir nuestra teoría de la culpabilidad sobre un puro psicologismo como querer transformar la culpabilidad, que nuestro sistema hace consistir en la conciencia de la criminalidad y en la dirección de la acción, en un reproche formulado desde fuera, sin aclarar que éste se funda en la existencia de aquella realidad subjetiva.

6. Formas posibles de ciertas regulaciones jurídicas

Por eso me parece equivocado mantener frente a nuestro derecho contraposiciones doctrinarias sobre cuya pertinencia con respecto al derecho alemán no nos compete abrir juicio[14]. Es muy equívoco decir que el psicologismo comienza por asignar a la culpabilidad un «fundamento naturalista»[15]. En realidad la expresión tiene poco sentido. Para advertir su significado posible, tomemos como ejemplo la regulación civil de la capacidad por razón de la edad. La ley podría allí adoptar dos sistemas: el de fijar un límite cuantitativo firme o el de guiarse por la capacidad real del sujeto. Son numerosas las razones en pro del primer sistema, derivadas, sobre todo, de la consideración de la seguridad de los actos jurídicos. Claro está que, técnicamente, ese procedimiento consiste en crear presunciones de capacidad e incapacidad que pueden no coincidir con los hechos. Si se adoptara el segundo de esos criterios, no obstante, sus patentes inconvenientes, podremos decir que la ley ha adoptado un sistema «naturalista», solamente en el sentido de que en todo acto jurídico ha eliminado el juego de presunciones niveladoras fundadas en la edad de los otorgantes: si un joven de diecinueve años es muy despejado, sus actos jurídicos valdrán como tales; y si un hombre de veinticinco años sigue siendo psíquicamente un niño, sus actos serán nulos. La ley, en tal caso, se funda en la real existencia de un cierto grado de desarrollo psíquico. Tal

[14] Debemos señalar que FRANK, en el *Kommentar*, pág. 136, al tratar este tema y exponer su famosa doctrina, por dos veces se refiere a la relación que ella guarda con el lenguaje del código alemán, y recomienda la conveniencia de seguir la terminología de éste. En este punto, exterminante MAURACH, I, página 292: «FRANK en sus investigaciones, parte del derecho positivo. Con la ley en la mano, prueba...».

[15] Así FRÍAS CABALLERO, en op. cit., segunda parte.

sistema podrá ser llamado «realista», por oposición a «ficticio»; pero no será correcto llamarlo «naturalista» por oposición a «jurídico», porque es un sistema tan jurídico como el otro, solo que regula mal, crea muchos más pleitos y conflictos; ve las cosas por un solo lado, acaso con el buen propósito de que ningún capaz sea desconocido por el derecho y ningún incapaz sea abandonado a su suerte. El sistema será malo, pero no por ser naturalista o psicologista siquiera, sino por no hacerse cargo de ciertos factores sociales tan dignos de consideración como los de respeto a la personalidad humana, a los cuales se acordó un reconocimiento excesivo y excluyente.

La designación del otro sistema como «normativo» es acaso menos impropia en sí; pero tampoco resultaría exacta, porque el carácter específico de aquél no finca en componerse de normas, característica que no se concibe cómo puede ser eludida por sistema jurídico alguno, sino en admitir presunciones de validez y de invalidez de ciertos casos.

Hemos tomado este ejemplo, porque sus extremos resultan bastante ajustados al problema de la culpabilidad.

Aun cuando tenemos las impresión de que no se han medido los aspectos o implicancias políticas de las dos teorías, no sería leal trazar una línea divisoria demasiado tajante en materia de culpabilidad y adjudicar a la tendencia normativista el papel de traidor al principio *nulla poena sine culpa*. Hasta en cierto sentido es justo reconocer, a lo menos en algunos autores, que el empeño que los guía en una construcción tan laboriosa, proviene del deseo de facilitar no ya la condena de inocentes, sino más bien y por el contrario, del de impedir cualquier condena que resulte injusta en el caso individual. Es una característica de la doctrina normativa la admisión de la llamada «no exigibilidad de otra conducta» como fundamento para cancelar todo reproche y, por tanto, toda culpa. Los ejemplos del palafrenero y de la partera son aducidos para mostrar que la no exigibilidad absuelve a los imputados.

La teoría, sin embargo, se presenta con un grado de generalidad acaso no justificado por los magros frutos que produce, y aún acaso sea justo imputar a sus propugnadores un error que consiste en crear el peligro de regular equivocadamente la inmensa mayoría de los casos, para prevenir la posibilidad de resolver de modo inconveniente un caso muy excepcional.

Mantengámonos aún dentro del derecho argentino. Ya hemos dicho que una de las bases de las impugnaciones hechas a nuestra exposición consiste en aducir la invalidez del error de derecho como excusa. Lo hace NÚÑEZ y, desde luego, el argumento es fuerte para sostener que la culpabilidad no consiste «en comprender la criminalidad del acto y dirigir, no obstante ello, la acción». Pero en seguida se advertirá que la objeción es demasiado buena. Tan buena es, que ante ella uno se olvida de que aquella fórmula verbal no fue traída del aire, sino encontrada en el propio texto del artículo 34.

7. La culpabilidad y las causas que la excluyen

Pero ¿qué se puede legítimamente deducir de la referencia del artículo 34, 1.° al error *de hecho?* ¿Es exacto concluir de esto que para inculpar a un sujeto bastará que conozca hechos externos, con prescindencia de toda valoración de parte de él? En seguida advertiremos el error dogmático de semejante conclusión. La disposición de la ley sobre la que debíamos construir nuestra doctrina presenta una forma un poco complicada, que podemos reducir a esquema. Dice así: no es punible el que, por *a, b, c, d,* no pudo comprender la criminalidad de su acto. Si se observa el contenido de *a, b, c, d,* resulta que se trata siempre de circunstancias cuyo efecto más *notorio* consiste en quitar la comprensión del sentido recto de las cosas. No parecerá, pues, demasiado arbitrario afirmar que la culpabilidad consiste *en esa comprensión.*

Sin embargo, en tal conclusión positiva se desliza un error, fuerza es reconocerlo. Se trata de un error marginal o residual; pero no por ello menos existente. Proviene de lo siguiente: las circunstancias *a, b, c y d* son de tal naturaleza que, cuando concurren, casi siempre tienen por efecto realmente alterar la comprensión del sentido o del valor del hecho. Pero sucede que la inversa no es igualmente exacta; es decir, hay *otros casos* en los cuales aquella comprensión está alterada y, sin embargo, no están enumerados. Mejor dicho: no se trata propiamente de otros casos, sino de uno de los casos enumerados, el de error, que es dividido por dos, y reconocida como operante solo una de esas mitades. Se distingue el error en error de hecho y de derecho, y solamente se acuerda eficacia exculpante al primero.

Esta circunstancia coloca a toda reconstrucción dogmática de la ley argentina ante una opción: o bien se afirma que la culpabilidad consiste en comprender «la criminalidad «del acto o bien que consiste en comprender solamente los hechos como tales.

Veamos ahora los inconvenientes o defectos de cada uno de esos criterios. El primero, desde luego, ya lo hemos señalado, comporta una generalización que no se cumple totalmente. Para esta posición, el texto de la ley acusaría aquí algún defecto, pues mientras por una parte parece hacer depender la imposición de una pena de la circunstancia de que el sujeto haya comprendido la criminalidad de su acto, por la otra, al crear la excepción de la excepción, hace posible que en ciertos casos sea punible un sujeto que de hecho no comprendió: el error siempre priva de la comprensión de la criminalidad del acto; pero solamente excusa cuando es de hecho.

Aquí es donde el segundo criterio puede hacer pie. Sin embargo, no le será fácil definir la culpabilidad prescindiendo de la recordada expresión de la ley que evidentemente se refiere a un núcleo psíquico espiritual como base o sustento de la pena cuya imposición depende de la existencia de aquél. La dificultad provendrá de que cuando el sujeto «ha comprendido la criminalidad del acto» será responsable, aunque hayan mediado las circunstancias *a, b, c y d,* porque esas causas valen como excusas solamente en cuanto determinan aquel resultado. En consecuencia, la razón suficiente para la excusa, no proviene directamente ni de la alteración morbosa de las facultades ni de la inconsciencia, como ocurre con la fórmula psiquiátrica pura, sino de que esas causas determinen el señalado efecto. Y con el error pasa lo mismo. Por tanto, circunscribiéndonos a este último, no es correcto del todo decir que el error de hecho es causa, de inculpabilidad. Para ser exactos, es preciso decir: «El error de hecho que privó de la comprensión de la criminalidad». Aquí es donde se advierte que deducir de la distinción error de hecho y de derecho que la culpabilidad debe construirse sobre un elemento psíquico neutro, sin valoración, es equivocado, y que no obstante la valuación diferente hecha por la ley del uno y del otro error, lo que decide, en todo caso, no es el error mismo, sino el efecto que él produce.

En consecuencia, la culpabilidad en su aspecto intelectivo-representativo no puede consistir en la sola existencia de referencias psíquicas adecuadas con respecto a hechos del mundo externo, sino que éstas solo son una base sobre la cual es necesario agregar un elemento valorativo de procedencia normativa, elemento del cual deriva el conocimiento no ya del hecho, sino de su «criminalidad».

Del rechazo del error de derecho como excusa no es acertado, en último extremo, deducir que la culpabilidad psíquicamente se compone de representaciones de hechos, pues el vicio de éstas solamente es eficaz cuando altera la comprensión de la «criminalidad».

Hemos encontrado, pues, en la ley argentina, textos que crean un conflicto en la tarea de fijar el concepto de la culpabilidad. El análisis precedente muestra, sin embargo, que ninguna causal enumerada es eficaz si ella no produce en la conciencia del sujeto un cierto estado, diremos, de ceguera valorativa. La impunidad exige, pues, *en todo caso,* la presencia positiva de esa deficiencia. Este aspecto de la ley parece, pues, empujarnos al siguiente razonamiento: si la impunidad exige siempre que el sujeto no haya comprendido la «criminalidad», la culpabilidad, que tras de sí acarrea la pena consistiría en haberla comprendido.

Pues bien, aquí la ley nos habría jugado una pequeña treta, porque hay una excepción que hacer, precisamente la del error de derecho. Llegados a este punto, el problema debe ya ser formulado dentro de los términos de opción a que veníamos refiriéndonos. ¿Será justo negar que la culpabilidad consiste en el conocimiento de la criminalidad del acto por el hecho de que, si bien es cierto que hay culpabilidad siempre que tal conocimiento existe, la inversa no es invariablemente exacta, pues hay casos excepcionales en los cuales, a pesar de no existir ese conocimiento, el sujeto puede ser punible?[16].

8. La definición de la culpabilidad y el error de derecho

Pues bien, puestos en la necesidad de enunciar el concepto genérico de culpabilidad sobre la base de la regla negativa, que no reconoce excepción alguna, o sobre la base de la regla positiva que reconoce como posible una excepción, nosotros optamos por el primer procedimiento, dispuestos a lamentar la excepción, después de reconocerla con bastante desgana.

Nos atenuaba el disgusto, sin embargo, encontrarnos en buena compañía en ese desgano, y además, el hecho de que muchos juristas desde, antiguo hubieran consagrado los más refinados argumentos de su ingenio a reducir esa excepción a límites mínimos y casi inofensivos inoperantes o muy extraordinarios.

---

[16] El argumento lo hace también H. Mayer, *Strafrecht,* § 39 con respecto al D. alemán, en contra de la doctrina dominante (ver la nota 14 del citado párrafo). A nuestro juicio, el texto del C. alemán y del C. argentino fundan construcciones diferentes. La importancia decisiva del tema del error de derecho en este punto es manifiesta. Conf. Welzel, § 22, II.

En efecto, es cierto que las leyes penales suelen mencionar como excusante solamente el error de hecho; pero sería equivocado deducir «de ello que de este modo se ha dividido al error en dos partes iguales. Desde luego, ello no es así, en cuanto se considera el número de casos posibles; pero deseamos destacar los esfuerzos doctrinarios hechos para demostrar o bien que *todos* los casos son de error de hecho o bien que una gran cantidad de errores pretendidamente de derecho son, conceptual y jurídicamente, aun para las leyes que hacen la distinción, verdaderos y propios errores de hecho. Sin tomar en cuenta la primera de esas tesis, sostenida por FINGER, evidentemente inadecuada para una ley como la nuestra, ha sido amplísimo el favor alcanzado por las construcciones sobre la base de distinguir el error de derecho, según se trate de derecho penal o de derecho no penal, para reducir cualquier error de esta última clase a error de *hecho,* engrosando así los alcances de la excusa. Nosotros hemos sostenido que esa distinción es inexacta, y nos hemos inclinado a distinguir el error de derecho según cayera o no sobre elementos de la figura, en cuyo caso es evidente que de él deriva impunidad tanto si se trata de un error de derecho penal como de derecho no penal[17].

Queda así reducido el error no reconocido como excusante al que la doctrina moderna ha llamado error de prohibición, es decir, el que versa sobre la existencia misma de la ley penal, y éste, para ser fundado e inocente, debe reunir, en efecto, condiciones bien poco comunes, si se incluye entre ellas el deber elemental de diligencia que incumbe a todo hombre como ser estrictamente social, partícipe de un sistema general de valores[18].

En consecuencia, si bien es cierta la posibilidad de algún caso en el cual el sujeto no tuviera conciencia de la criminalidad del acto y, a pesar de ello, la ley lo considere punible, esa posibilidad resulta remotísima; primero, porque las infracciones de cierta gravedad comportan siempre una violación bastante grosera de preceptos primarios de conducta social y ética, y en segundo lugar, porque cuando se trata de infracciones menores debe, además, computarse como fuente de culpabilidad, la falta de cuidado que importa desarrollar actividades sociales, manteniendo al mismo

---

[17] Conf. n. trabajo en homenaje a EDUARDO J. COÜTURE, publicado en la Revista del C. Estudiantes de Derecho de Montevideo, 1958.

[18] H. MAYER, para fundar la culpabilidad en este último caso, invoca el conocido pasaje de ARISTÓTELES en la *Ética a Nicómaco,* III, 1, 1110 b. Conferencia *Strafrecht,* § 39, núm. 19.

tiempo una actitud de indiferencia acerca de las regulaciones que se deben observar, actitud esta última que también puede ser objeto de reproche.

9. Diferentes contenidos psíquicos

La circunstancia de que la culpabilidad esté asentada sobre el conocimiento de la criminalidad, esto es, que contenga según decimos, un elemento valorativo de procedencia normativa, no nos autoriza a definirla como reprochabilidad. Lo que con aquello se quiere decir es que aquel conocimiento debe ser algo actual, real. Claro está que se trata de una realidad *psíquica,* pero hay muy diferentes realidades psíquicas, desde la sensación de un color hasta, por ejemplo, el concepto espinociano de esencia actual, de cuya realidad psíquica en el momento en que Spinoza lo definía no cabe dudar, a pesar de que los materiales de que se componía no provenían ciertamente del mundo de las representaciones externas. En el caso de la culpabilidad, esa realidad psíquica se compone del conocimiento de hechos y de la actual aprehensión de valores. No vemos la razón para que se nos quiera compeler a expulsar el elemento valorativo de la culpabilidad, so pena de considerarnos infieles al psicologismo[19], como si un acto concreto de valoración no fuese un acto psíquico, independiente de su validez objetiva, así como los pensamientos son psíquicamente reales, independientemente de la verdad que contengan.

Desde que CARRARA nos enseñó que el delito *no es un hecho,* sino una *infracción,* para nosotros es imposible ver subjetivamente el delito como la actual conciencia *de una cosa;* es la conciencia de una *relación.* Llamar psicologismo a ese enfoque conlleva un equívoco, porque la «criminalidad» en que esa relación consiste, se compone, como toda relación, cuando menos, de dos términos. Uno de esos términos puede provenir del mundo físico; pero el otro no proviene ni del mundo físico *ni del mundo psíquico.* El mundo en el cual nacen e imperan ciertos enunciados como «honeste vivere», «alterum non laedere»; el mundo del cual proceden los valores que al tocar una cosa la transforman en un bien, ese mundo en el cual las acciones humanas, no son concebidas en su facticidad consumada, sino en su SOLLEN, no es ciertamente un mundo psíquico, aun cuando solo la existencia de un mundo psíquico lo haga posible o lo revele[20].

---

19 Así, FRÍAS CABALLERO, en op. cit.

20 No tenemos reparos en confesar nuestra franca simpatía por la ontología estratificada de N. HARTMANN.

Ese estrato óntico al cual pertenecen las normas jurídicas no es, ciertamente, el estrato de lo psíquico. La concepción del derecho como algo psíquico es uno de los errados presupuestos de la escuela de la exégesis[21], en cierto sentido, difícilmente justificable después de KANT, de HEGEL y de SAVIGNY. El carácter heterónomo de las normas jurídicas y de los valores que ellas sustentan con relación a los destinatarios, la historia laboriosa del progreso o crecimiento de la mayoría de los más valiosos preceptos del derecho actual, nos muestran con suficiente claridad que el derecho pertenece a ese mundo de creaciones que en conjunto se ha llamado cultura o espíritu objetivo, que presupone una naturaleza física y biológica y un psiquismo; pero que en *modo* alguno se identifica con tales estratos. La relación que el delito supone no es una relación entre dos cosas físicas o dos cosas psíquicas, o entré una cosa física y otra psíquica; el segundo término de esa relación consiste en una referencia a ese mundo espiritual en el que hay normas y valores, no como pensamientos actuales, sino como instancias ante las cuales las acciones y los pensamientos concretos son adecuados o disonantes.

HUSSERL ha mostrado la relación condicionante que media entre valores y normas, y que todo enunciado normativo presupone o afirma tácitamente un valor. Como consecuencia de ello, si para fundar el reproche en que se dice consistir la culpabilidad nos parecía indispensable la existencia de algo que «estuviera ahí antes de que el reproche sea hecho», según lo exige BINDING, esa realidad subjetiva deberá ser, algo así como el reverso de la valoración debida. En castellano, lo opuesto a valoración es *menos-precio* o *des-precio*

10. La referencia psíquica a normas y valores

En este punto —se observará— existe, en principio, cierto acercamiento con el criterio expuesto por JAMES GOLDSCHMIDT[22]. Para éste, la existencia de aquella realidad subjetiva es tan imperiosamente requerida que, para acordarle realidad, afirma como característica de todo sistema jurídico la de constar de un doble elenco de normas, ya que además de las normas que externamente rigen las acciones

---

21 Especialmente patente en la teoría de la interpretación que concibe esta tarea como la de descubrir la voluntad del legislador; en repensar lo que éste realmente pensó. RADBRUCH: *Nachdenken eines Vorgedachten,* en *Arfen der Interpretation, «Recueil de'Etudes sur les Sources de Droit en l'honneur de François Gény», t. II, p. 217.*

22 J. GOLDSCHMIDT, *La concepción, normativa de la culpabilidad,* traducción de Margarethe Goldschmidt y R. Núñez, Buenos Aires, De Palma, 1943, Conf. sobre este trabajo, R. A. M. TERÁN LOMAS, «La Ley», t. 37, pág. 925.

desde fuera existiría otro complejo de «normas de deber» que la | regulan desde adentro[23]. Aparentemente, ese criterio es semejante al que hemos expuesto y hasta parecería lícito colgarle a GOLDSCHMIDT el mote psicologista, con el significado de realista o subjetivista que hemos admitido como exacto para definir nuestro punto de vista. Sin embargo, con relación a ese desdoblamiento del sistema normativo, cabe observar que o bien la norma de deber constituye una exacta duplicación subjetiva de la norma externa; o bien existe entre ambas normas una diferencia. Desde luego, tendría poco sentido aquel desdoblamiento si condujera al resultado de una perfecta identidad y, en efecto, lo característico del pensamiento de GOLDSCHMIDT consiste en afirmar que la «norma jurídica de acción y la norma de deber se diferencian} no solo porque aquélla se refiere a la conducta exterior, a la causalidad, y ésta, la del deber, a la conducta interior, a la motivación, sino que ellas se diferencian también, en relación a su contenido, bajo otros aspectos»[24]. Es la admisión de una diferencia de contenido lo que situará a GOLDSCHMIDT entre los partidarios de la concepción normativa, pues los casos en los que tal desequilibrio existe serán, en definitiva, los que responden a las llamadas causas de no exigibilidad de otra conducta[25].

El punto de donde parte la disidencia doctrinaria es el de la admisión de una diferencia de contenido entre la norma jurídica que divide los campos de lo lícito y lo ilícito *erga omnes, y* el principio subjetivo determinante de la conducta efectivamente seguida por un individuo en un caso dado. Si entre ambos principios existe diferencia de contenido, es manifiesto que en la parte en que no coinciden, la llamada norma de deber resulta decisiva, es decir, autónoma, y con ello se quita al derecho objetivo el carácter de regulador irrecusable para los individuos. Se cae así en último término, en una reedición de la teoría de los derechos subjetivos anteriores al derecho e independientes de éste, es decir, en un conjunto de «derechos» extrajurídicos.

Esa duplicación de las normas en dos grupos, unas que mandan a todos y otras que facultan a cada uno para no hacer caso de

---

[23] J. Goldschmidt, op. cit., pág. 19 y sigs.

[24] J. GOLDSCHMIDT, op. cit., loc. cit.

[25] No interesa aquí que la admisión de aquel desequilibrio lleve a GOLDSCHMIDT a la admisión de culpabilidad sin entuerto (Unrecht) además, desde luego, de entuerto sin culpabilidad. Conf. en c, MEZGER, § 34, I. Según H. MAYER, es imposible aceptar la doctrina normativa sin verse obligado a aceptar también las causas de no exigibilidad como causas supralegales de exclusión de culpabilidad. Conf. *Strafrecht,* § 31, IV, 2.

las primeras, no solamente resulta una inadmisible teoría general del derecho, sino qué termina siendo impotente para explicar el carácter heterónomo y obligante de las normas del derecho frente a sus destinatarios.

Para nuestro modo de ver, la culpabilidad consiste siempre en una respuesta, en una actitud ante cierta exigencia extrasubjetiva. Quien plantea la pregunta o apremia con una exigencia no es el sujeto mismo, sino una instancia externa a él La norma de deber y la norma de conducta son la misma.

11. *El normativismo y los grados de culpabilidad*

Esta heteronomía de los valores jurídicos, no solamente vale en cuanto a la demarcación del límite divisorio entre valor y disvalor, entre lo positivo y lo negativo, entre lo lícito y lo ilícito, sino que, a nuestro juicio, vale también para señalar grados o escalones de valoración. El tema de la «gravedad de la culpa» aparece en el primer trabajo de FRANK como directamente influyente en la construcción de la tesis normativista.

Para FRANK, la culpabilidad es integrada también por las «circunstancias concomitantes» y son éstas precisamente las que van a determinar la mayor o menor gravedad de la pena. Importa señalar que según su modo de ver la agravación penal deriva de un mayor grado de *culpabilidad.*

Para nuestro modo de ver, en cambio, la culpabilidad consiste siempre en saber lo que se hace y en hacer lo que se quiere, y que en esto, salvo alguna diferencia de capacidad, no hay ni puede haber grados o valores: o existe o no existe; y si existe, no hay que sorprenderse de los distintos grados de la pena correspondiente, ya que ésta guarda siempre una relación valorativa y, por tanto, graduable, objetiva e impersonal; relación abarcante del hecho y de sus circunstancias. Esas circunstancias, aún cuando se refieran al sujeto, son tan *erga omnes* como cualquier otra. Tomando el ejemplo de FRANK, no diríamos que cuando hay de por medio «mujeres y vino» *la culpa* es más gravé, sino que lo es *el hecho.* Por muchas mujeres que pongamos en el automóvil en que un grupo anda dé parranda y por mucho vino inspirador que concedamos a sus ocupantes, no podremos pasar del nivel de la responsabilidad culposa, si no podemos discernir la realidad de cierto núcleo central constitutivo del dolo. La existencia y la forma de la culpabilidad son umbrales. Colocar las formas de la culpabilidad en el mismo nivel de las «circunstancias concomitantes», importa reunir cosas heterogéneas, dar como subjetivo lo objetivo y transformar la naturaleza de la realidad que se trata de describir, esto es, tomar como un problema de valoración algo que es un problema ontológico:

FRANK, para confirmar sus asertos se remite varias veces al dictamen del sentido común.

Hagámoslo también nosotros, y tomemos para ello el delito de homicidio simple. Las escalas de gravedad van de seis meses a veinticinco años de prisión. Para recorrer esa distancia, sin embargo, las circunstancias, concomitantes no son nunca concluyentes, a pesar de que todos los hechos las tienen siempre. La posibilidad de ese recorrido, depende, en cambio, de la existencia de dolo o de culpa[26], elementos que a diferencia de las circunstancias, son siempre recíprocamente excluyentes. Cuando hay dolo, no hay circunstancias capaces de llevar la pena por debajo de ocho años; inversamente, cuando hay culpa, es imposible ir más allá de dos. ¿Es correcto, pues, colocar el dolo, la culpa y las circunstancias concomitantes en el mismo plano? El error es parecido al de definir un automóvil como un sistema de ruedas mecánicamente movidas y además azul, negro, rojo, verde o sin pintura alguna.

Para apoyar el concepto cuantitativo de la culpabilidad, FRANK invoca el hecho de que el Código penal alemán lo reconocería. En tal sentido cita los §§ 248 a y 264 a[27]. Llama la atención que para buscar un apoyo se haya debido apelar a figuras penales de pequeña gravedad. Se trata de figuras de petardismo. La apelación a ese argumento parece más bien adecuada para probar que la gravedad de la pena proviene allí de una valoración objetiva, absolutamente igual a la de cualquier otra figura. La ley, para crear un tipo delictivo, además de apelar a un verbo (el nombre de la acción) se sirve de los datos más variables: datos del mundo circundante (en el mar, en descampado) de la ocasión (de noche, durante el nacimiento), del psiquismo de alguien (engañado, alarma), del psiquismo del sujeto (en estado de emoción, apremiado por la necesidad). Estos datos subjetivos codeterminan niveles de gravedad de la figura; pero allí obran como cualquier otro elemento de ella.

---

26 No cambia los términos del problema la posibilidad de trazar tres niveles subjetivos de gravedad en vez de dos *idolus, luxuria, culpa),* según algunos lo han postulado. En c., BINDING, *Normen,* 2, pág. 450 y sigs.; H. MAYER, § 37.

27 FRANK, *Kommentar,* pág. 137.

Las valoraciones que van marcando distintos niveles penales están, implícitamente contenidas en esas descripciones: «matar a otro» es siempre, en principio, más grave que «apoderarse de una cosa mueble»; «matar por precio» es *objetivamente* más grave que «matar», aunque «por precio» sea un dato psíquico tomado del sujeto que mata.

La función cumplida, según vemos, por los elementos constitutivos *de* las figuras, que al agregarse a la figura básica van determinando escalas penales diferentes, es muy semejante a la que cumplen las circunstancias concomitantes dentro de cada escala penal especial, sea básica, calificada o privilegiada. Y ello es así, tanto si la circunstancia concomitante es objetiva como si ella es subjetiva: siempre agrava el hecho concreto dentro de los límites de la figura correspondiente a una escala penal específica y lo hace determinando una valoración jurídica objetiva e impersonal.

Solo la presentación sistemática de las circunstancias concomitantes como parte de la figura explica la posibilidad de gradaciones valorativas que llegan a ser, en ciertos casos, considerablemente delicadas. Desde este ángulo, resalta mucho la diferente función cumplida por esas circunstancias y la cumplida por las *dos* formas que asume invariable y fatalmente la culpabilidad. Estas dos, lejos de determinar una gradación insensible, trazan largas cesuras entre una escala y otra, según el hecho sea cometido dolosa o culposamente.

12. El psicologismo de los normativistas

Me parece que la concepción normativista puede proceder de esa forma y colocar el dolo, la culpa y las circunstancias dentro del mismo nivel, para definir luego la culpabilidad como reprochabilidad, porque previamente ha acordado a aquellos elementos un sentido puramente psíquico y fáctico, neutro al valor[28]. Como si dijéramos que en vez de incurrir en psicologismo al final, incurriera en él al comienzo de la construcción.

En este punto es evidente que el genio de la lengua ha jugado alguna treta. Si los latinos en vez de hablar de *dolo* habláramos —como se hacía antes— de *intención,* posiblemente habríamos seguido caminos semejantes a los de los alemanes. Estos pueden tomar la expresión *Vorsatz* en un sentido puramente psíquico equivalente al que nosotros acordamos a la palabra intención. «Intención» es

[28] Expresamente, WELZEL, § 8, III y § 13.

también un hecho, un puro hecho psíquico incoloro. Cuando los alemanes hablan de un concepto *natural* de *Vorsatz,* entran en un desvío lleno de complicaciones y de equívocos[29]. La sola presentación de ese planteamiento trae implícito un error gnoseologico poco explicable, al suponer que la teoría jurídica maneja *dos clases* de conceptos: la una compuesta de conceptos jurídicos y là otra de conceptos naturales. Dentro de esta última clase quedaría situado precisamente uno de los conceptos sobré los cuales él derecho funda sus más graves determinaciones; verdaderas determinaciones dé vida o muerte. BELING enseñó; por el contrario y correctamente, que en derecho todos los concentos están tejidos sobre un hilado normativo y que hasta el más modesto y ocasional dé ésos conceptos va siempre teñido de un sentido específicamente jurídico[30]. Y si esto ocurra *con* respectó a conceptos dé modèsta entidad es directamente inadmisible qué el derecho, delegue la función de acuñar sus propios conceptos precisamente al colocar las piezas fundamentales de su sistema. .

La doctrina normativista coloca todo el énfasis jurídico eh él concepto de «reprochabilidad» y por eso ha dado pie a la famosa paradoja de que ella saca la culpa de la cabeza del reo para colocarla en la cabeza del juez. Los normativistas se defienden ante esta censura y pueden hacerlo solo porque *antes* de formular el reproche al reo habían colocado en su cabeza nada menos que la «intención». Y resulta realmente curioso que se empeñen en aclarar que esa «intención» dé que hablan es un concepto natural.

Podrían responder incluso a la demanda de BINDING y decir que de manera alguna formulan ellos como culpabilidad un reproche infundado, puesto que en la psiquis del sujeto preexistía al reproche uña intención o una imprudencia que al coexistir, cualquiera de ellos, con la libertad hace reprochable él entuerto cometido.

Lo que, por desgracia, complica las cosas y torna la respuesta inexacta, es precisamente el psicologismo naturalista que allí se ha infiltrado, en el concepto de «dolo natural» ó «concepto natural» de dolo. Estas expresiones contienen un error doble, porque al mismo tiempo infringen principios de gnoseologia jurídica y de derecho penal.

---

29 Es típica en tal sentido la construcción de *FRANK en Uber den Aufbau,* y de WELZEL, loc. cit.

30 Sobre este problema, Conf. SOLER, *Ley, historia y libertad.* Abeledo Perrot, Buenos Aires, 1957, § 14.

Así como resulta una expresión vacía hablar de un «concepto natural de hipoteca», o de una «hipoteca natural», o de un «concepto natural de pagaré», carece de sentido hablar dé «dolo natural». Lo que hay en la realidad, psíquica o no psíquica, son centros a los cuales los conceptos jurídicos apuntan, haciéndolo en un sentido muy específico y particular, porque la sola afirmación de que algo es dado, o existente, o real, o natural se alcanza siempre y necesariamente a través de una transformación, a veces considerablemente profunda, de ese «dato natural». Los «datos naturales» alcanzan existencia jurídica solamente a costa de transformarse en «hechos típicos»[31].

Cuando decimos que el derecho transforma esa realidad, usamos, un lenguaje aproximativo solamente, porque el proceso realmente consiste en que el derecho va, por decirlo así, *decretando al ser.* Tiene un ser para su uso particular. Dice, por ejemplo: «esto es un inmueble», «este es un sujeto capaz», «esto es consentir» y mientras dicta estos decretos, va sucesivamente señalando un buque, un papanatas de veintitrés años, un sujeto que guarda un terco silencio. En esa tarea desatiende todas las protestas «naturalistas». Le claman que está en un error, y con protestas le muestran que el buque se mueve, que el papanatas no entiende nada y que el terco no habla. Pero el derecho sigue imperturbable y frente a todos estos naturalistas, piensa «yo sé lo que me digo», así como Don Quijote dice: «yo sé quién soy» ante las burlas de los curas y de los barberos naturalistas[32]. También aquél tiene su mundo, y ante la miseria de las cosas humanas es una especie de Quijote del deber moral, de lo que debe ser, de un mundo ideal.

13. Dolus y Vorsatz

Esta deformación naturalista impresa por el normativismo a una de las expresiones más cargadas de sentido jurídico, más embebidas de valoración, resulta muy improbable cuando se piensa en los términos latinos *dolus-culpa.*

---

31 TULLIO ASCARELLI llama a ese proceso *reconstrucción tipológica de la realidad.* Conf. *Problemi giuridice,* ed. Giuffrè. Milano, 1959, t. I, estudio III, *Norma giuridica e realtà sociale,* pág. 72.

32 Esto es lo que constituye el sentido técnico de las expresiones jurídicas; estas siempre dicen lo que el derecho *quiere* que signifiquen. Es típica en tal sentido, la expresión «alteración morbosa». Hasta algunos médicos han advertido y señalan la insuficiencia *jurídica* del concepto *biológico* de enfermedad, procurando remediarla mediante aportes socio-jurídicos. Conf. BLEUIER, *Tratado de psiquiatría,* pág. 131 y sigs.

A diferencia de la teoría jurídica alemana que toma del lenguaje vulgar el término *Vorsatz* y construye sobre esa base su doctrina del elemento subjetivo, en las lenguas latinas la expresión *dolus* ha sido por el vulgo tomada del derecho, y mantiene el sentido peyorativo,, es decir, de valoración negativa ínsita en ella. Entre las palabras «intención» y «dolo», suponiendo que se superpusieran en sus alcances, mediaría siempre una diferencia de calidad. El concepto de intención puede ser valorativamente incoloro; el de dolo, en cambio, no lo es nunca. Del cazador podemos decir que tenía la *intención* de matar al ciervo; pero es imposible que sepamos si estaba o no en dolo mientras no sepamos si era o no un cazador furtivo.

Nuestra doctrina del «dolo» difícilmente podrá enredarse en los trabalenguas a que necesariamente conducía el atormentado (59 del Código Penal alemán y las expresiones *Vorsatz* (intención) *Tatumstände* (circunstancia de hecho) y Tatbestand (delito-tipo) que allí se contienen. Allí, en efecto, *no se dice* que el dolo desaparezca cuando el sujeto «por error no comprendió *la criminalidad del acto»,* sino cuando no «conoció las circunstancias de hecho correspondientes ab delito-tipo». Es muy diferente conocer circunstancias de hecho y conocer la criminalidad. No diré que a la dogmática alemana el 59 le imponía un concepto naturalista del dolo, pero sí es patente que «conocer circunstancias de hecho» es, a su vez, un hecho psíquico neutro y que por esto los alemanes *pueden* hablar de un concepto natural de *Vorsatz, cosa,* que para nosotros la tradición, el lenguaje y él Código. Penal nos prohíben, cuando «tratamos de Construir el tema de la culpabilidad.

Y la expresión dolo es tan rica de sentido propio y especificó, que no consiente en ser desarticulada como equivalente a *intención + entuerto,* de manera que por esa vía podamos «germanizar» nuestra doctrina y hablar también nosotros de un «dolo natural»' *(¡horribile dictu!).* Y no podemos practicar esa disección del concepto de dolo, porque al hacerlo lo empobrecemos, acaso sin querer; porque el dolo, a *parte subjecto,* presenta no solo la forma intencional. En la doctrina tradicional, el dolo se da tanto en la *intentio* como en el *animus*[33], y esta distinción corresponde efectivamente a formas subjetivas que mal podrían individualizarse como un solo y mismo fenómeno psíquico.

---

[33] Sobre *animus e intentio* como formas del dolo, conf. CARRARA, *Programma,* § 69, 3218, 3369 y sigs.

Además por si ello no bastara, ya dijimos que la expresión «dolo» con lleva una tonalidad peyorativa, de modo que desde el comienzo el *animus* o la *intentio* ya están *in malam partem,* calidad que no es ciertamente explicable como algo puramente psíquico. La psicología comprueba realidades psíquicas; la valoración de éstas presupone siempre otro plano o instancia referencial. Sin ética y sin derecho, puede haber intenciones; pero no *malas* intenciones. La expresión *Vorsatz* no presupone la existencia de una valoración normativa; la expresión *dolo,* sí. Bien o mal, del concepto natural de *Vorsatz* (de intención) puede hablarse; el concepto natural del dolo, en cambio, encierra una *contradictio in adjecto.* Sencillamente no lo hay, y aun es imposible que lo haya, como ocurre con muchos otros conceptos, como el de hipoteca, que nacieron como conceptos jurídicos originarios. Cuando el derecho tomó un concepto de la naturaleza para manejarlo jurídicamente, existe la posibilidad de hablar de un concepto natural y de uno jurídico, y aun la de que ambos se parezcan mucho. Un árbol natural y un árbol jurídico se parecen bastante, aunque ciertamente no son lo mismo, ya que la ley es muy capaz de transformar en árbol a un modesto arbusto y hasta a una trepadora. Pero cuando el concepto cobra existencia en el derecho mismo y por decirlo así, se divulga después y se generaliza, como ocurre en el concepto de dolo, por mucho que querremos, no lograremos despojarlo de su veste jurídica para llegar a un dolo *natural.* No lo hay, repetimos, no lo hay.

Y aquí llegamos a una evidencia más de la incorrección de los motes doctrinarios, pues el normativismo de FRANK se apoya sobre un psicologismo tan extremoso que resulta hasta conceptualmente imposible para nosotros.

14. El normativismo y los clásicos

Para comprender la llamada doctrina normativa, resulta sumamente ilustrativo seguir paso a paso el razonamiento de FRANK, *pero pensando al mismo tiempo si nuestro derecho positivo lo va apoyando y cómo.* Comienza[34] diciendo que la doctrina tradicional, al afirmar la existencia de intención *(Vorsats)* daba también por afirmada, sin más ni más, la existencia de la culpabilidad. ¿Es esto cierto, supongamos para nuestros clásicos? No lo parece, salvo que aclaremos que al hacer esa afirmación sobreentendemos ocuparnos

---

[34] *Kommentar,* pág. 136.

solamente del aspecto *intelectivo* de la culpabilidad. La definición del dolo como intención alcanzó, es cierto, a vulgarizarse en la jerga práctica acaso con perjuicio del estudio que merecían ciertas distinciones, como la de *animus* e *intentio* sugeridas en la propia definición carrariana del dolo, cuando dice que es la intención *más o menos perfecta.* Pero prescindiendo de esos detalles no pertinentes ahora, lo que queremos señalar es que, dentro de nuestra tradición legislativa, existía un obstáculo muy serio para no caer en la tentación de afirmar la culpabilidad sobre aquella única base, porque los códigos tradicionalmente han legislado de manera expresa y bastante clara, estableciendo que para ser culpable se debe haber actuado libremente en *concreto, y* para esto, *además* de mencionar el error, que vicia la decisión en su aspecto intelectivo, se han referido siempre a la coacción, que la vicia en el aspecto voluntario. Las expresiones usadas por la doctrina, acaso no hayan sido muy afortunadas al alejarse de la clara terminología romana *vis absoluta y vis compulsiva.* En particular nos parecen poco felices las expresiones «violencia física», «violencia moral» y «contrainte morales», tan cara a los franceses, y tan esfumada en cuanto a su contenido.

Pero volvamos a FRANK. Después de aquella afirmación, sigue diciendo que gradualmente se fue advirtiendo que el concepto de culpabilidad requería algo más que la referencia intencional y «surgió —dice— la necesidad de tomar también en cuenta elementos «normativos», pues la esencia de la culpabilidad es reprochabilidad y ésta no se funda pura y simplemente en el conocimiento» de los alcances o efectos de la acción. En seguida se verá por qué razón se ha llamado, «normativa» a esa otra cosa que tenemos que ir a buscar para integrar el concepto de culpabilidad; la designación, *prima fronte,* parece bastante arbitraria. Lo que, a pesar del conocimiento, puede obstar a la culpabilidad es la «anormalidad de las circunstancias concomitantes en las cuales el sujeto despliega su libertad». Aquí, para fijar el concepto de libertad, entra en juego el § 51 del C. p. alemán, de cuya terminología recomienda FRANK no alejarse. Según ella, la libertad supone «no solo la ausencia de presión externa..., sino también la ausencia de deficiencias internas espirituales». Así, no obra libremente el que lo hace sin capacidad de elección y de distinción, y éste *si bien actúa dolosamente es inculpable.* Adviértase como en este punto se incurre en el más crudo psicologismo, directamente concibiendo el elemento intelectivo como intencionalidad psíquica neutra. Reduciendo a esquema la teoría normativa en este momento, diremos que el saber y el obrar (elemento intelectivo y volitivo) para nuestra manera de ver son «mala» intención y «mala» acción, mientras que para el normativismo son intención + mala acción, puesto que, según FRANK, «la culpabilidad muestra en la libertad un elemento de que carece el simple dolo»[35]. Ese elemento sería de naturaleza normativa, a diferencia de otro, que es, según vimos, psíquico.

El error de la teoría tradicional consistiría en que si bien ella también niega la culpabilidad cuando falta libertad, a ésta no la concibe «como elemento de la culpabilidad, sino como presupuesto de ella»[36]. Es patente el equívoco en este planteo y a él conduce el haber debido construir la teoría sobre un código que no mostrara con limpieza y aún con una especie de simetría los elementos componentes de la culpabilidad: la capacidad de «intendere e di volere» del C. italiano, la de «comprender la criminalidad del acto» y la de «dirigir las acciones» del C. argentino. En cada *uno* de estos planos, y no en uno solo, es necesario distinguir su funcionamiento como *presupuesto* y como *elemento.* Para que de un sujeto podamos decir que es culpable, se necesita:

a) Que tenga la capacidad de comprender, y

b) La capacidad de obrar.

Si esto no ocurre, si no se dan *los dos presupuestos, (y,* no *o)* el problema está terminado, y no solamente se cometería un error metódico, sino que se incurriría en los resultados más injustos y absurdos si se continuara el análisis, porque las circunstancias que quitan los *presupuestos* de la culpabilidad y los que quitan los *elementos* de la culpabilidad son diferentes. Es sobre todo en el plano dé la capacidad genérica (imputabilidad)[37] donde se ve operar con autonomía normativa al derecho, pues ante él *no vale* ni cualquier *intención* ni cualquier *decisión,* por reales que sean psíquicamente... Solo valen cuando» provienen de un sujeto que *antes* ha sido considerado por el derecha como dotado de la capacidad genérica de comprender y de querer de manera *jurídicamente válida.* De hecho, un menor de

35 *Kommentar,* pág. 138.

36 Op. cit., pág. 137.

37 No obstante las muy buenas razones demostrativas de la incorrección de esta terminología, aducidas por el P. PEREDA en su trabajo citado sobre el *versari,* no parece conveniente apartarse de ella, por el riesgo de introducir todavía más equívocos en estos temas.

diez años *sabe: perfectamente* lo que es un revólver de juguete y lo que es un revólver real y, además de saberlo, puede, también de hecho, decidir si toma el uno o el otro para disparar. Psíquicamente, esos actos son perfectamente iguales a los de un sujeto de veinte años. Y lo mismo pasa con gran cantidad de decisiones que toman sujetos claramente afectados por una enfermedad mental. El que con dudosa propiedad podríamos llamar «elemento normativo» actúa aquí con visible eficacia, y no solo en el aspecto volitivo, por cierto, sino en ambos, porque excluye *en principio* y *en absoluto,* no obstante su realidad psíquica,» toda consideración de ciertos procesos comprensivos y volitivos psíquica y naturalísticamente reales y aun perfectos. Para él, no obstante esa perfección, son *anticipadamente* nulos; el examen de su contenido real está excluido no individual, sino categóricamente. Y no es exacto que la doctrina tradicional acuerde ese carácter de presupuesto *solamente* a la *libertad,* según lo cree FRANK; también el valor de una «intención»' singular tiene como *presupuesto* una capacidad jurídicamente satisfactoria de carácter general. El no padecer alucinaciones *en general* es un presupuesto para entrar a examinar el contenido concreto de una representación determinada, así como cierto grado de desarrollo general de la personalidad es un presupuesto sin el cual ninguna decisión tiene validez, sea acertada y lícita (acto jurídico) sea ella desacertada y perjudicial (delito).

Solo cuando tenemos a un sujeto que reúne tales condiciones *a* y *b* como posibilidades, y no antes, podremos proceder a examinar si en concreto *comprendió correctamente y obró libremente.* En este punto, no podemos hacer muchas fantasías, porque el camino a seguir está firmemente trazado: lo que vicia la comprensión, el elemento intelectual, *es el error, y* lo que vicia el acto decisorio *es la coacción. Y* no hay más causas de exclusión de la culpabilidad, porque antes ya hemos acordado poder eliminatorio en general a las causas que excluían la capacidad de ser culpable: inmadurez, alteraciones morbosas de las facultades, inconciencia. No es, pues, exacto decir con FRANK que la doctrina tradicionalista concebía a la libertad solo como *presupuesto y* no como elemento de la culpabilidad. La capacidad *jurídica* de comprensión y de decisión son ambas un *presupuesto* para el examen concreto de un acto; pero ello no basta, porque además se necesita que en aquél efectivamente haya existido comprensión y libertad. La comprensión y la libertad potenciales son presupuestos; la comprensión y la libertad *efectivas* son elementos de la culpabilidad.

15. Dificultades dogmáticas del Código alemán

Esta especie de simetría entre «capacidad» (o imputabilidad) y «culpabilidad», que con respecto al Código argentino es tan sencilla, resulta del hecho de que ambos conceptos deben ser dogmáticamente construidos sobre el mismo texto de ley, art. 34, 1.°, que al referirse al que no «ha podido» comprender la criminalidad 'del hecho o dirigir sus acciones, implícitamente está señalando, además del concepto de inimputabilidad, el concepto de la culpabilidad.

En este punto, para nosotros, solamente existe la pequeña irregularidad introducida por la cuestión del error de derecho penal. En el Código alemán, esa misma simetría no existía, ni con mucho antes de la reforma del § 51, introducida en 1933, y en realidad, después de ella no resulta satisfactoriamente ciará tampoco[38], aun cuando se haya modificado la definición de inculpabilidad, referida antes a los estados que excluyen la libre determinación («seine freie Willensbestimmung ausgeschlossen war») y ahora a «comprender lo ilícito del hecho o a obrar de acuerdo con esa comprensión». La complicación siempre ha provenido del § 59, cuyo fin principal es el de definir el efecto del error y que, al hacerlo, se refiere, según hemos visto ya, al desconocimiento «de circunstancias de hecho» (Tatumstánde)[39].

De este último párrafo, por implicancia, ha salido el concepto positivo de dolo, como conocimiento de *circunstancias de hecho,* base psicologista impuesta por la ley, que, naturalmente, no puede satisfacer a nadie como «forma de culpabilidad».

¿Se perciben ahora las dificultades dogmáticas que este tenía presentaba para los alemanes en general? ¿No resulta bastante comprensible incluso la posición de WELZEL, al ubicar sistemáticamente el concepto de dolo en la acción, casi como si se tratara de un elemento cualquiera de la figura delictiva?

Es claro entonces que el hecho de la *intención* no es constitutivo de la culpabilidad, así como no es constitutivo de culpabilidad nin-

---

[38] Aunque acaso exagera MEZGER, *D. penal,* I, § 63, cuando dice que la reforma de 1933 en realidad no introdujo en la ley nada esencialmente distinto de lo anterior.

[39] Acaso no acuerda suficiente gravitación a esas razones de derecho positivo para explicar la admisión por los alemanes de un *dolo inculpable,* ADOLFO DE MIGUEL GARCILÓPEZ, en *Panorama de la culpabilidad en la dogmática penal contemporánea.* «Anales de D. Penal», Madrid, t. V (1952), pág. 45 y sigs. Vide, pág. 49, núm. 1.

gún elemento subjetivo del tipo: el que entra en una morada *que sabe* ajena no por ello es necesariamente culpable de violación de domicilio: puede haber obrado por coacción o por error; y así ocurre en cualquier figura con elementos subjetivos[40].

Partiendo de ese derecho positivo, se entiende el psicologismo de los normativistas, y se entiende que ellos echen de menos la necesidad de que esa intencionalidad (o la negligencia), para constituir culpabilidad, requiera algo más que *no* está en el § 59, es decir, que no está en lo que ellos llaman *Vorsatz.* La intencionalidad, en sí misma, no es ni buena ni mala. En realidad, tampoco lo era el otro elemento de la libre determinación, proporcionado por el § 51 cuando la doctrina normativa fue construida. Cuando una acción es libre, no por eso es, además, buena y, en todo caso, esa bondad no queda constituida ni certificada por el conocimiento de circunstancias de hecho[41]. La culpabilidad no es ni el dolo, ni la culpa, ni la libertad. En realidad, tampoco puede consistir en un nexo psicológico entre el autor y el mundo sensible[42]. Solo queda como posibilidad la de que ese sea un juicio del mundo circundante[43].

Aun cuando las construcciones de los autores modernos son bastante diferentes de las doctrinas normativistas anteriores, a su vez «variadamente tornasoladas»[44], me parece que nadie ha mostrado como Welzel la necesidad de definir la culpabilidad como un juicio, cuando dice, refiriéndose al hombre en general: «sus dotes y disposiciones —todo aquello que el hombre solamente «es»— pueden ser valiosos o irrisorios (pueden también, pues, ser valuados), pero solamente lo que de ellos él ha hecho o cómo los ha empleado, en comparación con lo que pudo y debió haber hecho o cómo haberlos empleado, solo eso puede serle atribuido como «mérito» o *reprochado* como «culpa»[45].

---

[40] Lo señaló muy correctamente Núñez hace ya tiempo en *Los elementos subjetivos del tipo penal, «Boletín de la Fac. de D. de Córdoba», año IV, 1942, especialmente § 5.*

[41] Según Maurach, op. cit., I, § 30, II, A, 2, Frank con la ley en la mano muestra indiscutiblemente que hay acciones intencionales que no por ello son culpables.

[42] Así, Maurach, en loc. cit. Según Bettiol, *Diritto Penale,* págs. 290-291 ni siquiera la conciencia de la criminalidad del acto resulta suficiente como elemento normativo, porque no saca a la culpabilidad del plano naturalista para colocarla en uno valorativo.

[43] Así, Maurach, I, § 30, II, A, 2. Según Bettiol, es un juicio objetivo que el juez expresa en su valuación, loc. cit.

[44] Expresión de Hellmuth Mayer, *Strafrecht,* pág. 212. Muestra también *esos* variados matices Aníbal Bruno en *Direito Penal,* Río de Janeiro, 1956, t. II, pág. 411, esp. pág. 417, núm. 7.

[45] Welzel, *Das Deutsche Strafrecht,* 5ª ed., 1956, § 20.

La culpabilidad se apoya así claramente no ya en un hecho, sino en una relación, y no en una relación psíquicamente efectiva, sino en una relación *debida,* exigible.

Me parece que llegando a este punto se hace posible plantear contraposiciones doctrinarias más claras que las corrientes, fundadas en los motes ya tradicionales, y menos exageradas que la que presenta la célebre paradoja de ROSENFELD, según la cual el normativismo saca la Culpabilidad de la cabeza del reo y la coloca en la cabeza del juez.

La contraposición no consiste en que se apliquen en este tema de una manera específica y propia las teorías de los valores[46]. Todo en el derecho es valorativo, y no solamente la culpabilidad. Tampoco se *alcanza,* claridad si se cree que la culpabilidad consiste en el juicio que formula el juez. También la antijuiridicidad de un hecho queda establecida por un acto del juez. Lo que ocurre preguntar es, tanto en un caso como en otro, si la antijuridicidad o la culpabilidad quedan *constituidos* por el pronunciamiento judicial o solamente *declaradas* y, en ambos casos, sobre qué bases se asienta el pronunciamiento[47].

La aclaración de este punto ofrece particular interés, porque señala ciertos límites delicados entre posiciones contrapuestas. Cuando se dice que la *culpabilidad es un juicio,* lo que en realidad se significa es que las valoraciones necesarias para enrostrar el hecho al reo son puestas desde afuera, por el Juez[48]. Si no se quisiera decir esto, la doctrina no sería, sino una deplorable trivialidad.

Claro está que esa valoración hecha «por el juez» (BETTTOL) por el» «mundo circundante» (MAURACH) se funda en algo que está en el sujeto; pero para *decir* que *es* un juicio es preciso que en éste se encierre un elemento, que en el sujeto *no estaba.* De lo contrario, seguiría, siendo verdad la observación de BINDING, y confundiríamos el efecto de la culpa, la reprochabilidad, por la culpa misma.

---

46 Según lo entiende Bettiol, *D. Penale,* loc. cit.

47 Aun cuando la boga ha pasado, debemos recordar que la llamada teoría egológica consideraba al juicio del juez como constitutivo del delito, aun en su faz de ilicitud. Este aspecto del carácter constitutivo o declarativo del pronunciamiento, correctamente señalado por el P. PEREDA en op. cit., en «Anales», pág. 33.

48 En este punto resulta ingenua la posición de JIMÉNEZ DE ASÚA, *Tratado,* V. pág. 228, cuando cree que no tiene nada de extraño afirmar que la valoración lo haga el juez.

16. Culpabilidad real y presunta

Lo que hace posible decir que la culpabilidad es un juicio de reproche deriva de concebirla, sobre todo, como exigencia. El polo opuesto a ese enfoque consistiría, esquemáticamente, en ver a la culpabilidad constituida por *rebelión,* o *menosprecio.* Me parece que uno de los muchos equívocos motivados por la terminología de Frank deriva del empleo de la expresión *reprochabilidad,* porque esta palabra es inidónea para recibir la pesada carga doctrinaria que el problema traía y, sobre todo, para marcar efectivamente la distinción de los puntos de vista, posibles.

Cuando en cambio, se dice que la culpabilidad deriva o proviene de una exigencia, se subraya hasta con exceso la posibilidad de casos en los cuales la culpabilidad es afirmada, y la pena impuesta, por razones de estado, desde fuera, sin atender propiamente la subjetividad efectiva del individuo en el caso concreto. Y esto es algo innegable en la realidad jurídica, y aun cuando el campo de este juicio constitutivo de culpabilidad sea hoy restringido y considerablemente moderado, acaso ningún régimen jurídico pueda considerarlo eliminable sin residuo alguno. El error de derecho, la culpa inconsciente, las infraccciones contravencionales, los delitos de olvido, abren campos en los cuales la vida práctica impone con cierta premura un derecho penal sin muchas contemplaciones. Es sabido que el derecho en muchos casos no tiene más remedio que efectuar generalizaciones que necesariamente compartan alguna injusticia individual.

No lo podemos negar; es de la esencia del derecho. Sin embargo, cuando la sanción jurídica es de carácter penal, cuando se trata de una norma retributiva, pareciera que en aquella actitud fuera envuelta una especie de contradicción. En las normas penales, en efecto, más que en las otras, se expresa con particular energía la finalidad preventiva del derecho, y ésta solamente a través de la subjetividad *real* de los destinatarios de las normas puede ser alcanzada. No hay otro mecanismo para ello, fuera de la «buena voluntad». Pues bien, cuando el derecho prescinde de ella y no hace consistir la culpabilidad en la real existencia de una actitud de menosprecio o, a lo menos, de indiferencia, es posible que aquél responda a exigencias inaplazables de la praxis, pero no cabe duda de que al sancionado no le guarda la consideración de persona. Le reconoce capacidad para ser castigado, pero se desentiende de examinar si tuvo voluntad de obedecer. El sujeto soportará una pena apoyada más sobre una presunción de culpabilidad que sobre una culpabilidad real. A veces, no hay más remedio: *vivere non necesse; navigare necesse.*

La teoría de la culpabilidad plantea, pues, una opción. Al generalizarse sus principios, es forzoso hacer «algún sacrificio. Casi podría pensarse que la decisión es una mera cuestión de preferencia o de gusto; pero no es así. No podemos dejar de lado la lección que sobre este tema nos muestra el curso de la historia, en la cual las responsabilidades ficticias o presuntas han ido dejando recuerdos de inhumanidad y de injusticia, y ciertas reglas, trilladas durante siglos, como el *versari,* han ido mostrando una iniquidad antes inadvertida. El rumbo en que se cumple la evolución cultural en este aspecto del derecho lleva no ya hacía una nivelación impersonal, sino, por el contrario, al reconocimiento del ser humano como partícipe del orden jurídico, es decir, como ser espiritual y como persona.

Además, ya nos hemos referido a la mayor o menor amplitud alcanzada por los respectivos campos de la responsabilidad —diremos— objetiva y de la responsabilidad culpable, y verificamos con satisfacción que la primera se muestra hoy vergonzante y reducida a mínimos confines.

La opción, pues, al definir la culpabilidad, para nosotros es simple: se guía por lo que el derecho actual determina para la gran mayoría de los casos, y señala una dirección cultural que compartimos. Reconoce a desgana la existencia de poquísimas excepciones, en particular el error acerca de la prohibición.

La posición contraria puede parecer más ajustada dogmáticamente: pero no es así. Definir la culpabilidad como un juicio constitutivo y externo, como acto de autoridad, es una actitud que lleva una ventaja sistemática solo aparente, en cuanto los juicios asumen ia forma de «reproche» en todos los casos; pero es lo cierto que en la inmensa mayoría de ellos ese reproche se funda en una real actitud subjetiva del reprochado. Para no confesar la excepción, desnaturaliza la regla, y con ello crea un error no ya marginal, sino conceptual y profundo.

No seríamos, justos, sin embargo, si no recordáramos una vez más que la doctrina normativa, inseparable según Helmuth Mayer, de la doctrina de las causas supralegales de no exigibilidad, ha sido presentada sobre todo como una construcción absolutoria para ciertos casos excepcionales como el de la partera y el del caballo desbocado. Esas demostraciones de «manga ancha» que despachan con una palmada benevolente para las debilidades humanas a la autora de unas falsedades documentales y al autor de unas lesiones, no hacen a la esencia de la doctrina. Lo que cuenta son los principios de ella, y éstos, si bien crean la posibilidad de esas absoluciones, tan dudosas por lo demás, la crean sobre la base de constituir el riesgo inverso de violar *en la sustancia* el principio *nulla poena sine culpa,* y de ampliar sin escándalo el campo de la responsabilidad objetiva y de la presunción de culpabilidad.

PRESENTACIÓN

EXISTE en lo que va corrido del presente siglo un conjunto de monografías breves, opúsculos y artículos que han abierto nuevas vías al pensamiento jurídico-penal y que representan un sistema de ideas absolutamente insoslayable en la siempre viva polémica científica sobre los grandes temas de nuestra disciplina. Esos trabajos, aparecidos generalmente en revistas, colecciones y homenajes académicos, suelen no hallarse al alcance del estudioso, tanto porque han llegado a ser piezas bibliográficas inencontrables como porque han sido escritos en lenguas que él no posee. El pequeño volumen que hoy entregamos a la luz pública es un primer esfuerzo de nuestro Seminario por ofrecer de esas valiosas contribuciones versión española.

Por su claridad de pensamiento, por su adhesión al derecho positivo y por la fecundidad de sus hallazgos, que hacen de él punto de partida del moderno desarrollo del concepto de culpabilidad, perennemente renovado, pocos opúsculos merecían tanto una traducción a nuestra lengua como el de Reinhard Frank, profesor que fuera de la Universidad de Múnich, sobre la estructura del concepto de culpabilidad, aparecido en 1907.

Debemos esta versión castellana al eminente Sebastián Soler, Profesor de la Universidad de Buenos Aires, que la ha cedido a nuestro Seminario en un gesto de fraternidad científica altamente estimulante.

Prof. ALVARO BUNSTER
Director del Seminario de Derecho Penal de la Universidad de Chile

ESTRUCTURA DEL CONCEPTO DE CULPABILIDAD

1

Si BIEN en la ciencia jurídica moderna la culpabilidad es concebida de muy distintas maneras, hay coincidencia en pensar que su esencia consiste exhaustivamente en la referencia psíquica a algo determinado o en la posibilidad de tal referencia. Provisionalmente puede prescindirse de considerar si el término final de la referencia psíquica es algo jurídico o algo fáctico. Tampoco importa si la referencia psíquica en sí misma debe ser concebida como querer o como representación. Lo fundamental es limitar el concepto de culpabilidad a la faz interna. En este sentido LÖFFLER[1] define la culpabilidad como: «el conjunto de referencias penalmente relevantes de la interioridad de un hombre a un resultado dañoso de su acción» y con igual precisión dice KOHLRAÜSCH[2]: «culpabilidad, para el derecho penal, es aquella relación subjetiva en que debe haberse hallado un autor capaz con respecto a su hecho para que pueda hacérselo penalmente responsable de éste».

VON LISZT asume, es cierto, un punto de vista discrepante. Según él, culpabilidad es responsabilidad (Verantwortlichkeit) por la acción ilícita cometida[3]. Yace allí, sin embargo, una confusión entre el hecho y la consecuencia jurídica. Si se pregunta, ¿cuándo es el hombre responsable penalmente por su comportamiento?, la ciencia responde: cuando ese comportamiento es culpable. A la pregunta siguiente: ¿cuándo es culpable el comportamiento? Liszt nos contesta: cuando el hombre es responsable de él. Esto es un manifiesto círculo vicioso. Lo que nosotros queremos precisamente saber es de

---

1 *Die Schuldformen des Strafrechts* (1895), pág. 5.

2 *Irrtum und Schuldbegriff* (1903), pág. 1. Confróntese, además, BELING, *Die Lehere vom Verbrechen* (1905), pág. 141. MIRICKA, *Die Formen der Strafschuld* (1903), pág. 11.

3 *Lehrbuch*, § 36. La misma opinión sostiene KÖSTLIN, el cual en su *System des deutschen Strafrechts* (1855), § 57, determina la culpabilidad como «el grado de responsabilidad de un imputable por las alteraciones ocasionadas, por su libre causalidad, en el mundo exterior».

qué circunstancia deriva el derecho la responsabilidad. Es más: tomando la definición de VON LISZT, sería totalmente inconcebible una responsabilidad sin culpabilidad, y así desaparecería la diferencia tan finamente trazada entre los principios de la responsabilidad culpable y la responsabilidad objetiva4. En la nueva edición de su tratado, VON LISZT mismo ha cambiado en cierta medida su punto de vista. Ahora, responsabilidad es para él solo culpabilidad (Schuld) «en sentido formal». Tomado este concepto «en sentido material», debe significar la falta de sentido social reconocible por el hecho. Lo cual me parece a mí muy impreciso y, además, estar expuesta a la objeción de que aún el más leal de los súbditos puede en un caso obrar imprudentemente.

Sea como sea, lo cierto es que la doctrina dominante encuentra la esencia de la culpabilidad en una referencia del autor a algo que está fuera de su personalidad.

Del mismo modo, existe general coincidencia acerca de la relación que media entre el concepto de culpabilidad por una parte y los de dolo e imprudencia por la otra. El primero es presentado como concepto genérico y éstos como específicos. Esto resulta particularmente claro en BINDING. También M. E. MAYER dice que la culpabili-
. . . .[5].

Precisamente este último giro es el que trae a primer plano el otro dogma de la doctrina dominante, según el cual el concepto de culpabilidad no contiene nada más que los conceptos específicos del dolo y de la imprudencia y que todos los demás hechos que acaso puedan tener importancia para la apreciación jurídica de la acción, como son las circunstancias concomitantes, yacen fuera del concepto de culpabilidad.

En primer lugar, aquí examinaremos la exactitud de esta concepción y con ello la limitación del concepto de culpabilidad a referencias psíquicas.

---

[4] En contra v. LISZT, también M. E. MAYEH, *Die schuldhafte Handlung* (1901), pág. 122.

[5] BINDING, *Grundriss der Schuld des deutschen Strafrechts.* 7ª edición (1907), § 46, MAYER, op. cit., pág. 139.

2

EMPECEMOS por atenernos al lenguaje cuotidiano e investiguémoslo guiados por casos que al mismo tiempo posean significado jurídico.

El cajero de una empresa y un cartero repartidor de valores cometen defraudación cada uno por su lado. El primero tiene una buena situación y carece de familia; pero tiene amantes dispendiosas. El segundo se gana apenas la vida, tiene una mujer enferma y numerosos hijos pequeños. Si bien ambos saben que se apoderan ilícitamente de dinero ajeno, de manera que en cuanto hace al dolo no media diferencia alguna, todo el mundo dirá que al cajero le alcanza mayor culpabilidad que al cartero. Así, la culpabilidad del segundo es disminuida por las circunstancias desfavorables en que se encontraba, mientras que la del primero, por el contrario, es agravada por su buena situación económica y sus inclinaciones lujosas. La inclinación a las mujeres y al vino, agravan más la culpabilidad que, por ejemplo, la de coleccionar cosas raras.

Así, pues, el lenguaje cuotidiano, para medir la culpabilidad, trae a cuenta factores que están fuera del dolo, y si pensáramos en un caso en el cual no se tratara de dolo sino de imprudencia, también veríamos que la falta de prudencia, la imprevisión es valorada más severa o benignamente según las circunstancias concomitantes. El que, como guardagujas, después de un largo descanso al comenzar el servicio pone mal un desvío, parece más culpable que el camarada que incurre en la misma falta después de once horas de servicio.

Del mismo modo que lo hace el lenguaje corriente, los tribunales miden la culpabilidad de acuerdo con las circunstancias concomitantes. Es corriente entre los prácticos decir que la culpabilidad del acusado aumenta por su situación económica favorable y disminuye por una situación desfavorable.

Sería extraño que las ideas que inspiran esa clase de expresiones no hubiesen encontrado eco también en la ley. Es cierto que si la ley aumenta o disminuye la punibilidad en consideración a las circunstancias concomitantes, esto no quiere decir que ella les acuerde sin más ni más influencia directa sobre la culpabilidad. Es bien posible, por cierto, ver en ello solamente la expresión de un interés mayor o menor en la evitación del hecho. Esto tal vez se pueda afirmar para el caso del § 216. El Estado prohíbe en general matar a un hombre; ahora bien, cuando la víctima misma ha deseado la muerte, si bien subsiste el interés del Estado en que ese deseo no sea satisfecho, aquél es menor que el interés de que alguien sea muerto contra su voluntad. Y esta es la diferencia que encuentra expresión en las escalas penales.

Estas o parecidas reflexiones pueden ciertamente ser correctas muchas veces. Sin embargo, no hay duda de que hay casos en los cuales la agravación o la atenuación solo resulta explicable entendiendo que el legislador ha visto en las circunstancias concomitantes un patrón para la culpabilidad. El interés del Estado en el mantenimiento de la vida de un niño no varía, por cierto, por las relaciones personales del que lo mata. Así, cuando el § 217 trata mucho más benignamente que al asesino común a la madre soltera que mata al niño en el acto del nacimiento o inmediatamente después, para ello solo puede tener como fundamento que aquélla se muestra menos culpable, aún cuando el dolo del acto de matar asume la misma forma que en cualquier otro autor concebible. Exactamente desde los mismos puntos de vista se explica, sin duda, la atenuación prevista por el § 213, para el homicidio emocional.

Si las circunstancias concomitantes pueden, pues, atenuar la culpabilidad, no hay riesgo alguno en reconocerles también la capacidad de excluir la culpabilidad. De hecho, el concepto de causas de exclusión de la culpabilidad es empleado con bastante generalidad, pero es muy cuestionable si se aviene o no con la concepción corriente acerca de la esencia de la culpabilidad. Pues si el concepto de culpabilidad no abarca nada más que la suma de dolo e imprudencia, consistiendo éstos en la consciente o imprevista producción del resultado, resulta del todo incomprensible cómo pueda la culpa ser excluida por estado de necesidad. Pues el que obra en estado de necesidad también sabe lo que hace. Desconocer que en él se da dolo en el sentido corriente importa sencillamente falta de lógica. No se hace culpable de esta falla el que acepte que el estado de necesidad borra la antijuridicidad, de manera que la prohibición válida para las situaciones normales no rige en los casos de estado de necesidad. En este lugar no puedo detenerme más en la cuestión relativa al significado del estado de necesidad, pero insisto en que cuando se sigue la doctrina —la única correcta, a mi juicio[6]— según la cual el estado de necesidad solo es una causa de exclusión de la culpabilidad, se está obligado a concebir la culpabilidad de manera que ella pueda ser afectada en su existencia, su concurrencia, por las circunstancias en las cuales la acción fue emprendida. Pero ello es del todo imposible partiendo de definiciones de la culpabilidad como las que dan LÖFFLER y KOHLRAUSCH, que siguen en general a la doctrina corriente, pues visto de ese ángulo, todo el concepto de causas de exclusión de la culpabilidad adolece de contradicciones insanables.

Se comprende también por esto que el infortunado estado de necesidad no encuentre paz en la literatura moderna y que ande rebotando de aquí para allá como una pelota entre las causas de exclusión de la antijuridicidad y de la exclusión de la culpabilidad. Solamente puede ser encuadrado entre las primeras, cuando la ley lo dice expresamente, como ocurre con el § 228 del Código Civil; pero para los que correctamente lo conciben como una causa de exclusión de la culpabilidad, ello importa una inconsecuencia pues debieron haber comenzado por concebir la culpabilidad en general de modo accesible a la influencia de las circunstancias concomitantes. Si la esencia de la culpabilidad se agotara en la relación psíquica con un objeto externo determinado, ¿cómo sería posible entonces excluir esa culpabilidad por el hecho de que la acción haya sido ejecutada en estado de necesidad?

Por cierto que también BELING ha advertido esto, ya que se decidió a designar la ausencia de estado de necesidad como una condición de punibilidad[7]. No me parece, sin embargo, que este concepto contribuya a aclarar algo. Pues entonces hay que preguntar: ¿Por qué no hay pena cuando media estado de necesidad? A lo cual el concepto de «condición de punibilidad» no da ninguna respuesta clara. Aplicado al estado de necesidad, tiene solo un significado técnico, pero no sustancial. En sus Grundzüge des Strafrechts, p. 68, BELING rechaza, con toda razón, la concepción según la cual el estado de necesidad, ante la falta de disposiciones legales positivas, pueda ser concebido como una causa de exclusión de la antijuridicidad: solamente exculpa. Pero en seguida agrega que no excluye la culpabilidad. Pero, ¿por qué no y cómo es eso? Si el estado de necesidad

---

6 Sobre ello, véase mi *Kommentar zum St. G. B.* 5ª, 7ª edición, pág. 114.

7 *Lehre vom Verbrechen,* pág. 51 y ss., pág. 62 y ss.

exculpa, excluye la culpabilidad, es decir, es una causa de exclusión de la culpabilidad y si no es una causa de exclusión de la culpabilidad, entonces tampoco puede exculpar.

De este modo, los defectos del concepto corriente de la culpabilidad se ponen más de manifiesto cuanto más nos empeñamos en trabajar con ellos. En este punto ya no puedo dejar de expresar mi sorpresa de que no se haya utilizado el punto de vista del procedimiento penal para el derecho penal material. Es sabido que aquella ley en el § 262 toma en cuenta también las causas de exclusión de pena. Si concurre alguna circunstancia extraña al dolo o a la imprudencia que excluya la punibilidad, la cuestión relativa a la culpabilidad debe ser negada. Y esto vale no solamente para la legítima defensa y para el estado de necesidad, sino también para el padrino de duelo con respecto a la cuestión de si se preocupó seriamente por evitar el duelo. La subsunción de circunstancias de esa clase en el problema de la culpabilidad y con ello bajo el concepto de culpabilidad prueba precisamente que ésta desde el punto de vista procesal contiene algo más que dolo e imprudencia. Pero toda vez que tal idea está muy distante de las teorías del derecho penal material, los procesalistas deben esforzarse con todo el ingenio disponible para tornarla plausible. Y sin embargo, nada sería más sencillo que admitirla dentro del ámbito del derecho penal común, y acaso en el de la ciencia jurídica en general.

Con este apoyo en el derecho procesal estaría dada también la posibilidad de confinar otro fantasma errante al lugar que le corresponde: me refiero a la imputabilidad. Con frecuencia es, no podemos decir definida, pero sí caracterizada, como presupuesto de la culpabilidad. Así textualmente Liszt en su Tratado, § 37, nota 3, y de hecho también Birkmeyer en su Enciclopedia, § 14. Con ello, el primero manifiestamente piensa en el concepto por él construido de culpabilidad «en sentido formal», se refiere con otras palabras, a la responsabilidad. Si correspondiera la identificación entre culpabilidad y responsabilidad, ésta sería también una característica de la imputabilidad. Creo, sin embargo, haber mostrado más arriba que la culpabilidad no puede ser caracterizada como responsabilidad. Según Birkmeyer (§ 15) la culpabilidad es la libre autodeterminación al delito; el dolo y la imprudencia son «clases de culpabilidad» y las únicas. También él, pues, concibe —si no lo entiendo mal— la culpabilidad como concepto genérico de dolo e imprudencia. Ahora bien, es cierto que puede designarse a la imputabilidad como presupuesto de la libre autodeterminación al delito; pero en cuanto descendemos al «concepto específico» de dolo, esto ya no resulta adecuado. En efecto, Birkmeyer (§ 16) entiende el dolo como «el querer una acción, a pesar de la representación de todas las características que la hacen delictiva». 0 bien esta definición no es completa en cuanto no contiene los elementos de la culpabilidad, o bien —si es completa—, no se comprende cómo así pueda la imputabilidad ser presupuesto del dolo. Pues también el enfermo mental puede querer la acción y así representarse los caracteres que la hacen delictuosa y hasta puede saber que es un delito.

Prescindamos, pues, de todas estas contradicciones que en último término solo tienen un carácter formal. En todo caso, resulta exacto lo que dice Radbruch, esto es, que la imputabilidad concebida como presupuesto de la culpabilidad, como capacidad de culpabilidad casi carecería de toda importancia para el derecho penal. «Allí donde se afirma la facultad, la posibilidad de la inculpación, debe afirmarse el factum, la realidad de la inculpación»[8]. El mismo Radbruch no entiende la imputabilidad como capacidad de culpabilidad sino como capacidad de pena y cree que también han sido de esta opinión Feuerbach, Geib, Bauer y Morstadt. En todo caso, su concepción se acerca a la que expusiera v. Liszt en su conocida relación muniquesa, de acuerdo con la cual la imputabilidad debe considerarse equiparada con la susceptibilidad para las motivaciones que la pena se propone[9]. Acaso sea llevado a esas deducciones todo determinista para el cual el sentido de la pena consista exclusivamente en su influencia sobre la personalidad criminal. Pero si a la pena se le acuerda una significación más amplia, ni aún como determinista es forzoso llegar a aquella conclusión. Es cierto que media una relación entre imputabilidad y pena, pero esta relación no es distinta de la que media entre culpabilidad y pena: solo el culpable es digno de pena y punible y a la culpabilidad pertenece la imputabilidad. Esta no es capacidad de culpa ni presupuesto de ella, sino que pertenece a la culpabilidad.

También esto es ampliamente firme en derecho procesal. No se duda, en efecto, de que la afirmación de la culpabilidad incluye en sí la afirmación de la imputabilidad y que la negación de ésta encuentra su expresión en la negación de aquélla. Ninguno de estos principios está en contradicción con la concepción que ve a la imputabilidad como presupuesto de la culpabilidad. Enhorabuena,

---

8 *Der Handlungsbegriff* (1904), págs. 97, 98.

9 *Zeitschrift für die gesamte Strafrechtswissenschaft,* volumen 18, pág. 76 y ss.

pero tiene la ventaja de una mayor claridad considerar a la imputabilidad como un elemento esencial de la culpabilidad.

Las ventajas de tal concepción aparecen en primera línea en la doctrina de la participación. Si ésta tiene carácter accesorio, ella no sería posible con respecto al hecho de un inimputable por cuanto éste no obra culpablemente. Sostener que el inimputable en general no «actúa» en «sentido jurídico» parece un efugio. Por otra parte, de la circunstancia de que el inimputable pueda toda vía actuar dolosa o culposamente, tampoco es posible concluir que por ello esté también en situación de cometer una acción punible. En seguida mostraremos, en efecto, que el dolo y la imprudencia son concebibles sin culpabilidad.

3

PUEDE concretarse la conclusión de las consideraciones precedentes de esta manera: la doctrina dominante fija el concepto de culpabilidad de manera que ella solamente comprende los conceptos de dolo y de imprudencia. Por el contrario, es preciso concebirlo de tal modo que tome en consideración las circunstancias concomitantes y la imputabilidad.

Si se parte de que con ello los requisitos del concepto de culpabilidad están completos, entonces los momentos indicados son sus caracteres constitutivos, o bien, diría más brevemente, sus elementos. Imputabilidad, dolo o imprudencia, circunstancias concomitantes, serán considerados en lo sucesivo como elementos de la culpabilidad.

El error de la concepción corriente radica, pues, en primer lugar, en que descuida algunos elementos de la culpabilidad. Solo toma en cuenta dolo e imprudencia pero no la imputabilidad ni las circunstancias en que el hecho fue ejecutado. Pero ahí concurre otro error acaso de más consideración: la doctrina dominante fija la relación entre culpabilidad y dolo e imprudencia como una relación de género a especie, cuando de hecho es diferente. Intentaré mostrar los criterios opuestos en algunas breves explicaciones.

Según la doctrina dominante, los conceptos de culpabilidad por una parte, y los de dolo o imprudencia, de otra parte, se relacionan como el concepto supraordenado de género al subordinado de especie. Desde mi punto de vista, el concepto de culpabilidad es un concepto complejo entre cuyos elementos esenciales cuentan, entre otros, el dolo y la imprudencia.

Según la doctrina dominante, todo lo que vale para la culpabilidad, vale también para dolo e imprudencia, pues toda afirmación atinente al concepto genérico debe también convenir al concepto específico. Según mi concepción, no es necesario que todo lo dicho sobre la culpabilidad se adecúe al dolo y a la imprudencia, pues la relación de estos conceptos con el concepto de culpabilidad no es la de especie a género.

La doctrina dominante, al aceptar tal vinculación, coloca a la culpabilidad con respecto al dolo y a la imprudencia en la misma relación lógica que media entre árbol y álamo. Según mi concepción la relación debe más bien asimilarse con la que media entre árbol y raíz.

Si todo árbol se levanta sobre el suelo, también lo hará el álamo, ya que es un árbol. La raíz, en cambio, no necesita aflorar, pues si bien pertenece al árbol, no es un árbol.

Ahora se hace posible pronunciarse acerca de algunas exposiciones de BINDING. Contra la mayoría de las definiciones de dolo, BINDING opone la objeción de que favorecen un lenguaje diletante. En efecto, se suele hablar de dolo cuando no está en cuestión culpabilidad alguna, y estas expresiones usuales vendrían a ser canonizadas por la moderna caracterización del dolo. Sería equívoco en derecho penal hablar simplemente de dolo sin el agregado del atributo de antijuridicidad[10].

Es cierto que cuando se caracteriza el dolo como la representación del resultado que acompaña a la actuación voluntaria, con ello no se ha definido la culpabilidad y acaso ni siquiera se la ha supuesto. Pero en verdad que es muy cuestionable que la definición del dolo dada en general deba tomar en cuenta el concepto de culpabilidad. La respuesta afirmativa a esta cuestión deriva del dogma de que la culpabilidad es el concepto genérico y que el dolo y la imprudencia son conceptos específicos según precisamente BINDING lo destaca con particular insistencia. Pero en cuanto uno se libera de esta idea, queda autorizado para considerar a lo culpable que en el dolo puede haber, como algo no esencial, exactamente de la misma manera en que también se habla de inimputabilidad sin que esté en cuestión en principio, un comportamiento antijurídico. Giros como este: «he dejado caer dolosamente mi reloj al agua», solo serían objetables si todo dolo contuviera en sí las características de la culpabilidad así como todo álamo contiene las de árbol. Pero si se ha reconocido que el dolo es una manifestación con la cual deben concurrir otras para que solo entonces quede integrada la idea de culpabilidad, todos los peligros lógicos de frases como la referida desaparecen.

Buscando una expresión breve que contenga en sí todos los elementos referidos del concepto de culpabilidad, no encuentro ningu-

---

10 *Grundriss,* 7ª edición, págs. 115-117.

na otra más que reprochabilidad. Culpabilidad es reprochabilidad. La expresión no es bella, pero no conozco otra mejor. El que piense como M. E. MATER que no se debe definir la culpabilidad sino la acción culpable, puede decir: actuar culpable es el actuar reprochable, es decir, aquel por el cual puede hacerse un reproche al actor. Tampoco habrá dificultades que salvar, cuando, según lo hacen KOHLER y RADBRUCH, las omisiones sean excluidas del ámbito de la acción. En tal caso, debe bastar con referirse al comportamiento en vez de a la acción: comportamiento culpable es comportamiento reprochable.

Sin embargo, la cuestión de la culpabilidad (prescindiendo del § 54 poco afortunadamente concebido) se presenta en derecho penal solo cuando el comportamiento es antijurídico, prohibido. Con ello habríamos alcanzado el siguiente precepto: un comportamiento prohibido puede ser imputado a alguien como culpable cuando le podemos hacer un reproche por haberlo asumido.

Tomado este precepto aisladamente, se le podría objetar que define idem per ídem, pues la reprochabilidad no sería sino un sinónimo de la culpabilidad. Agréguese que ya antes de ahora se empleaba ocasionalmente reprochabilidad por culpabilidad o que en la doctrina de la culpabilidad se ha hablado del reproche, para fundarla[11]. Pero, para nosotros, el concepto de reprochabilidad viene solo a ser una breve síntesis de los distintos elementos de la culpabilidad. Su valor no está en sí mismo, sino en la referencia a lo que quiere caracterizar. Es alcanzado por vía sintética. Si se lo concibiera como dado, como directamente empleado por la ley, sus elementos serían verificables por vía analítica. Entonces, la cuestión sería la siguiente: ¿cuándo se le puede hacer a alguien un reproche por su comportamiento?, ¿qué se requiere para ello? Entonces la deducción conduciría a los elementos de la culpabilidad del mismo modo que lo ha hecho la inducción, y ellos se habrían presentado a la vista del observador en la siguiente forma y en la siguiente serie:

Para que a alguien se le pueda hacer un reproche por su comportamiento, hay un triple presupuesto:

1° una aptitud espiritual normal del autor a lo que llamamos imputabilidad. Si ella existe en un sujeto, es seguro que, en general a él le podemos hacer un reproche por su comportamiento antijurídico, aún cuando no lo sea todavía que co-

---

[11] Así, por ejemplo, BELING, *Grundzüge*, 29ª edición, pág. 46.

rresponda un reproche en el caso particular. Para esto importa, por de pronto;

2° una cierta concreta relación psíquica del autor con el hecho en cuestión o aún la posibilidad de ésta, de manera que o bien aquél discierne sus alcances (dolo) o lo podía discernir (imprudencia). Sin embargo, aún cuando se dé esa exigencia, no está, sin más ni más, fundado un reproche. Para ello es necesario que además, concurra

3° la normalidad de las circunstancias en las cuales el actor obra. Si un sujeto imputable realiza algo antijurídico, discerniendo o pudiendo discernir los alcances de su acción, desde el punto de vista del legislador, en general, puede hacérsele un reproche. Pero lo que es posible solo en general, puede no serlo en el caso particular, y así desaparece la reprochabilidad cuando las circunstancias concomitantes comportaban para el autor o para un tercero un peligro del cual precisamente la acción prohibida lo podría salvar. Esta es la idea que funda los § 52-54 del Código Penal. Y yendo más allá, el legislador puede disponer que la prohibición no rija en general en ciertas situaciones anormales, según ya ocurre con los § 227 y 228 del Código Civil. Si bien en primera línea las recordadas disposiciones del Código Penal importan una negación de la reprochabilidad de la acción, esto es, de la inculpación, la prueba segura de que la acción no es antijurídica, hasta para la legítima defensa, solo es posible después del § 227 del Código Civil.

Una objeción fácil contra esa concepción es la de que la ley al reconocer un exceso punible en la legítima defensa, admite la posibilidad de un actuar culpable también en condiciones anormales de las circunstancias concomitantes. De hecho se me ha formulado esta objeción en el debate. No la tengo, sin embargo, por pertinente. Pues así como el legislador es libre de determinar en qué grado deben las circunstancias concomitantes ser anormales para limitar en general una inculpación, también determina libremente las acciones con respecto a las cuales lo hace. La idea siempre es la misma: puede no hacerse reproche alguno al autor de ciertas acciones cometidas en circunstancias de cierta anormalidad.

Si no estoy equivocado, la concepción según la cual las circunstancias concomitantes corresponden a la culpabilidad, se abre camino también en la jurisprudencia del Tribunal Supremo. Es cierto que a veces parece mostrarse solo oscuramente; es tarea de la teoría hacer de ella un objeto de conocimientos más claros.

Especialmente aleccionadora es la sentencia de la cuarta sala penal del 23 de marzo de 1897 (Sentencias, t. 30, p. 25) sobre el siguiente caso: El acusado, como cochero de una cochería debía guiar dos caballos de los cuales tanto él como su patrón sabían que eran duros de boca. Durante un viaje que el acusado tuvo que efectuar por orden especial del dueño, el caballo enganchó la rienda con la cola. En los inútiles intentos del acusado de desenredar la rienda, el caballo se excitó; el acusado perdió completamente el dominio sobre el tronco, el cual desbocado atropello a un herrero que andaba por el lado del camino, causándole la fractura de una pierna.

El Tribunal Supremo dice que es propio de la imprudencia «la no satisfacción de aquella medida de cuidado y de consideración para el bienestar general... que podía exigirse al actor razonablemente» y continúa diciendo que debe balancearse «si debe considerarse al acusado obligado a sustraerse a la orden de su principal aceptando la pérdida de su puesto, toda vez que, al emplear el caballo que le asignaran para viajar, conscientemente colocábase en la posibilidad de lesionar a alguien, o bien, si debió haber hecho prevalecer esta última consideración sobre el motivo que lo impulsaba al acatamiento de la orden del patrón.

Es bien claro que con estas expresiones las circunstancias concomitantes, las condiciones bajo las cuales el acusado se encontraba en el momento crítico, son traídas a la culpabilidad. Lo mismo ocurrió también en el interesante fallo de la misma sala, el 3 de julio de 1903 (Sentencias, t. 36, p. 334). De este modo, tratándose de comportamiento imprudente, el juez tendría un campo más amplio dentro del cual moverse para considerar, según su libre arbitrio, la totalidad de las circunstancias como excluyentes de culpabilidad. Desgraciadamente esto no es posible según el estado actual de la legislación y de la teoría en los delitos dolosos. Supongamos que un patrón amenaza a su sirviente con despedirlo de inmediato si no rompe una ventana del vecino, en cuyo caso la pena del delito de daño alcanzará inexorablemente al sirviente, por grave que se tornara su situación económica con el despido. Solamente puede ayudarnos el que acordemos también aquí un libre juego al arbitrio judicial para determinar la culpabilidad, o bien que ampliemos mucho más allá de sus alcances actuales el ámbito de aplicación del estado de necesidad, por ejemplo, aceptando tomar en consideración el balanceamiento de intereses.

Ahora se hace también posible tomar posición con respecto al concepto de causas de exclusión de la culpabilidad. Más arriba dijimos que este concepto tampoco es comprensible desde el punto de vista de la corriente definición de culpabilidad. Pero no trepido en declararla en general innecesaria. Pues si corresponde a la culpabilidad la normalidad de las circunstancias concomitantes, la existencia de un peligro como el que pueden fundar la situación de estado de necesidad o de legítima defensa, no es sino la negación de aquella normalidad, esto es, la negación de la culpabilidad misma. La designación del estado de necesidad come una causa de exclusión de la culpabilidad, es tan exacta o tan inexacta como la frase: nitrógeno en vez de oxígeno es una razón contra la existencia de agua. ¡Por cierto! Pero si se sabe que el agua se compone de hidrógeno y oxígeno, es obvio que no habrá agua si en lugar de oxígeno hay nitrógeno. Con todo, puede mantenerse la expresión causas de exclusión de la culpabilidad por razones de comodidad. Ella niega mediante una impugnación no ya simple sino motivada; tiene el sentido de una negatio perpositionem. El que invoca legítima defensa, niega su culpabilidad; pero al mismo tiempo afirma, pues declara que fue puesto en peligro por un ataque. Por lo tanto, el concepto de causas de exclusión de la culpabilidad es útil, mientras lo empleemos como expresión de que reconocemos que ciertos hechos positivos tienen para el derecho penal solamente el sentido de una negación, esto es, el de una negación de la culpabilidad.

Partiendo de aquí, es perfectamente claro, por qué la invocación de legítima defensa puede ser «impugnada» y por qué cuando la legítima defensa resulta dudosa, debe pronunciarse la absolución. Lo esencial en la invocación de la legítima defensa no es la afirmación que ella implica, sino la impugnación de la culpabilidad.

Exactamente lo mismo ocurre con la invocación de inimputabilidad. Aún cuando con ello no se discute la normalidad de las circunstancias concomitantes, sí se discute otro elemento de la culpabilidad, cual es la posibilidad de hacer reproche en general al acusado por algún comportamiento, y con ello concretamente, por el de este caso.

Así, partiendo de este criterio, las reglas procesales generalmente aceptadas se presentan en una línea de ordenación perfectamente lógica.

4

PERO también se advierten ventajas en el ámbito jurídico material. Pues considero que, al fin, se hace posible un entendimiento acerca del sentido que tiene para su doctrina de la culpabilidad la aceptación de una causa de exclusión de la culpabilidad fundada en el error de hecho. Si me consideré agredido y me defendí contra el agresor imaginario tal como me habría podido defender contra uno real, según la doctrina dominante, la praxis del Tribunal Supremo y del Tribunal Militar del Reich, decididamente unánimes, el dolo queda excluido, y cuando mucho podrá plantearse la cuestión de la imprudencia. Existiría ésta, sin embargo, cuando con el cuidado exigible según las circunstancias del caso habría podido darme cuenta de que en realidad no era agredido[12].

La fundamentación teórica de estos preceptos generalmente reconocidos, con la excepción de VON LISZT[13], causa dificultades. He intentado solucionarlas estableciendo los conceptos ya antes empleados por ADOLF MERKEL y LÖFFLER de *circunstancias negativas o características negativas del Tatbestand.* Bajo esta designación comprendía yo circunstancias cuya concurrencia obsta a la idea de delito. Partiendo de ahí, no resultaba difícil, de acuerdo con el § 59, alcanzar la demostración propuesta. Pues si el dolo requiere la conciencia de que los elementos *positivos* están dados, es evidente que también requiere el conocimiento de que faltan los *negativos.*

Mis deducciones, sin embargo, han encontrado la oposición de KOHLRAUSCH, V. LISZT y BELING[14]. Para ellos, la antijuridicidad es un elemento positivo del hecho (Tatbestand); no hay ninguno negativo. Esto me impone un examen más detenido.

---

12 *Reichsgericht: Entscheidungen,* vol. 6, pág. 405; vol. 19, pág. 298; vol. 21, pág. 189; vol. 33, pág. 32; *Reichsmilitärgericht: Entscheidungen,* vol. 2, pág. 212; vol. 4, pág. 97; vol. 5, pág. 33.

13 *Lehrbuch,* § 41.

14 KOHLRAUSCH, *Irrtum und Schuldbegriff* (1903), pág. 59 y ss.; BELING, *Die Lehre vom Verbrechen* (1905), pág. 164; v. LISZT, *Lehrbuch,* § 26.

Si decimos: la antijuridicidad pertenece al concepto de delito, es decir, que es un elemento positivo del hecho (Tatbestand) la afirmación puede tener varios sentidos.

1° En primer lugar, el siguiente: cuando la ley amenaza con penar una acción, prohíbe la acción, la declara antijurídica. Si desaparece la declaración de antijuridicidad porque una disposición legal más fuerte la repele, entonces faltará un elemento del hecho (Tatbestand) y la impunidad es evidente. En este sentido he designado a la antijuridicidad como carácter positivo del hecho (Tatbestand), en las ediciones 5 a 7 de mi *Kommentar*.

2° Pero la frase: «la antijuridicidad es una característica positiva del Tatbestand» puede tener también otro sentido, esto es: cuando la ley amenaza una acción con una pena; no prohíbe de ningún modo la acción ni la declara antijurídica. Mas bien se limita a decir: si la acción es *además* declarada antijurídica, deberá imponerse la pena tal o cual. Considero falsa *esta* proposición y ella es contra la que polemicé en las ediciones precedentes de mi Kommentar, dirigiendo el ataque —acaso equivocadamente— contra Binding. Sin embargo, que la proposición impugnada está dentro, cuando menos, del *ámbito ideológico* de su teoría de las normas, lo prueban las exposiciones de varios autores más jóvenes, como las del conde Dohna, que expresamente adhiere a ella[15]. Mis exposiciones llegaban a la conclusión siguiente: prescindiendo de las leyes en blanco, la figura delictiva particular, tal como aparece en el § n, es de tal modo completa, que no necesita el aditamento de un precepto que desde afuera la completa declarando antijurídica la acción. El § n puede y debe ser aplicado cuando las circunstancias de hecho contenidas en él concurren en el caso particular. Es cierto que hay excepciones. Evidentemente esto debe también admitirse. Si, en efecto, la acción es ejecutada en circunstancias especiales y existe un precepto que precisamente establezca que en tales circunstancias se debe obrar como se ha obrado, el § n no será aplicable y la acción carecería de carácter delictuoso. Y puesto» que tales circunstancias especiales pueden concurrir en cualquier caso, sería concebible que el legislador las tomara en cuenta también en cada artículo en particular, y que dijera, por ejemplo: El que matare a un hombre dolosamente y ejecute el homicidio con premeditación, será castigado con pena de muerte por asesinato, salvo que el matador estuviera autorizado a matar por deber ofi-

[15] Die *Rechtswidrigkeit* (1905).

cial, profesional o por legítima defensa. Entonces, tendríamos pura y simplemente en el mismo artículo dos clases de características del tipo o de circunstancias de hecho, positivas y negativas, como las que se encuentran, por ejemplo, en los §§ 937 y 1.917 del Código Civil. Tal técnica del legislador, sin embargo, no solamente llevaría a incontables repeticiones, sino que haría insoportablemente pesado todos los artículos. Por esto, el legislador procede razonablemente refiriéndose a las excepciones en preceptos especiales como, por ejemplo, en el § 53. Pero esta separación meramente externa basada en razones técnicas no tiene ningún significado interno, es decir, lo que serían elementos negativos, acogiéndolos en las disposiciones especiales, lo siguen siendo cuando por motivo de simplificación son tratados separadamente.

Miricka adhirió luego a estas ideas con especial claridad en sus notables trabajos sobre las formas de la culpa penal (1903), p. 124 y sigs. y con la mejor voluntad no alcanzó a ver qué puede oponerse lógicamente a ello.

Es cierto que en posteriores ediciones de mi *Kommentar* he dado a mis ideas una nueva forma; pero no con la idea de que me hubiese equivocado, sino sólo porque quería acercarme más a la comprensión de mis opositores, a pesar de que éstos no carecen de ingenio. En efecto, he quitado la frase: «La antijuridicidad no es un carácter positivo del Tatbestand (hecho) si bien su falta sí es un carácter negativo». A pesar de todo, esta frase poseía un buen sentido. De acuerdo con el contexto, era indudable que significaba lo siguiente: cuando una ley impone una amenaza penal a una acción, esto es, a una suma de circunstancias de hecho que en conjunto componen un Tatbestand, aquella pena se torna aplicable tan pronto como la acción designada en la ley ha ocurrido. Pues aquélla, con sólo ser, es antijurídica, sin que sea necesario añadirle un plus que Dios sabe dónde tendríamos que ir a buscar. Pero si de otras partes *viene* algo, esto es, un precepto que en circunstancias especiales quita la antijuridicidad, esta supresión o, según yo decía, la ausencia de antijuridicidad viene a abrogar la idea de delito (el Tatbestand). Si de los hechos tenemos solamente los que son designados en los artículos especiales y de los preceptos jurídicos tenemos solamente los implícitamente dados en la amenaza penal que afirman la antijuridicidad, el Tatbestand del delito está dado. Si, en cambio, tenemos otro precepto que niega la antijuridicidad de la acción, entonces *no* estará dado precisamente el Tatbestand.

¿Es todo esto de hecho tan abstruso? No lo creo; pero reconozco que en el empeño por alcanzar brevedad expresiva he ido demasiado lejos, y ahora propongo esta forma:

La antijuridicidad pertenece al concepto de cada delito. Ella deriva de la conminación penal. Esta es el signo más próximo de la antijuridicidad, y en efecto deducir de la amenaza penal la antijuridicidad es obligatorio mientras no se muestre otro precepto, según el cual la acción es permitida y conforme al derecho. Si tal precepto existe, se deberá investigar según los principios generales cuál es el que prevalece: si el que se induce de la amenaza penal o el otro. La mayoría de las veces, la relación estará determinada de modo que el último de estos preceptos se refiere solamente a casos especiales, esto es, que niega la antijuridicidad no ya en general sino sólo en determinados casos. Tiene el sentido de una *lex specialis* que se antepone a la *lex generalis.* La aplicabilidad de ésta presupone, pues, que no estamos frente a un caso regido por *lex specialis.* Sólo bajo este presupuesto, esto es, el de que *falta* una tal circunstancia, la acción es punible. Por lo tanto, esa circunstancia puede ser designada como característica negativa del Tatbestand.

En verdad que ni debiéramos discutir esta formulación, puesto que, en definitiva lo único que cuenta son los preceptos! Sin embargo, el que a pesar de todo se incline a rechazar el concepto de características negativas del Tatbestand, acaso pueda convencerse de la exactitud de los principios que se deducen de aquel concepto, mediante las siguientes consideraciones.

A la culpabilidad corresponde, según dijimos más arriba, la condición normal de las circunstancias en las cuales la acción fue ejecutada. Según la concepción del legislador, serían anormales circunstancias concomitantes tales que para el autor (o a veces para tercero) importan un *peligro.* El que en estado de necesidad, para salvarse del peligro comete una acción normalmente punible, no actúa culpablemente y el que hace lo mismo en situación de legítima defensa tampoco. Pero en tal caso no hay culpabilidad porque en *tales circunstancias* no se le puede *reprochar* al autor su obrar.

Si el autor se creyó en peligro *erradamente,* acaso *de ello* pueda derivar algún reproche para él, si no ha tenido en consideración la medida de prudencia que de acuerdo con las circunstancias del caso de él se podía esperar. Pero *del hecho* de que se salvara del peligro imaginario del mismo modo en que habría podido hacerlo del peligro real, no se le puede hacer reproche alguno. *Considerada en sí misma, la acción necesaria o la acción defensiva ejecutada en una defensa o en una necesidad putativas, es sin más ni más inculpable.* Solamente cuando, siguiendo hasta su génesis, vamos a parar a un error del autor acerca de las circunstancias concomitantes, la culpabilidad queda al descubierto. En la medida en que el error es reprochable, lo es la acción misma. A una culpabilidad *dolosa* por esta vía solamente se puede llegar cuando, por ejemplo, resulta que el autor dolosamente se ha colocado en error —una suposición que, salvo en teoría, apenas puede darse. En la práctica, subsiste solamente la suposición de una inculpación culposa.

Si el concepto de culpabilidad está correctamente concebido, es posible también deducir el principio jurídico exacto de manera estrictamente lógica, sin necesidad de apelar a la ayuda de las circunstancias de hecho negativas.

5

La cuestión últimamente tratada se construye de manera mucho más sencilla, con sólo adherir al principio según el cual corresponde al dolo *la conciencia de la antijuridicidad.* Pues en cuanto se establece tal requisito, en la defensa putativa la exclusión del dolo deriva por sí misma. Pero del texto del § 59 no se puede deducir que el dolo requiera la conciencia de la antijuridicidad, porque aquél habla solamente de un error sobre *circunstancias de hecho.* Tampoco pueden convencer aquellas demostraciones que parten de una determinada teoría de la pena. Si alguna prueba es posible, ella solamente puede provenir de razones históricas o partiendo de la esencia de la culpabilidad en general.

La prueba histórica se apoya sobre una base sólida. Ya para el derecho romano dice Mommsen lo siguiente: «El derecho romano aplicó también a la ley penal, desconocida por ignorancia de derecho, la regla del derecho privado según la cual el hombre que participa en la vida social está obligado a conocer las leyes del Estado y, por lo tanto, toda transgresión aún la no intencional, comporta una inculpación y que, por el contrario, el sexo femenino y la rusticidad liberan de aquella obligación, aún en caso de infracción contra una ley penal no fundada en la moral, cuyo desconocimiento era presumido o exculpado»[16].

Esta concepción se mantuvo también en el período del derecho común, solo que entonces se apeló al precepto deducido —no es del caso averiguar si con razón o no— del derecho romano según el cual si bien el error de derecho no tiene efecto exculpante en los delitos *juris gentium,* sí lo tiene en los delitos *juris civilis*[17]. Especialmente durante el siglo XIX se afirmó que todos están obligados a conocer las leyes difundidas mediante publicación, de lo cual fluye la consecuencia inmediata de ver una culpa en la propia ignorancia

[16] *Römisches Strafrecht,* pág. 93.

[17] Feuerbach, *Lehrbuch* (13ª edición, 1840), § 57, con nota de J. C. A. Mittermayer. Posteriormente: Heffter, *Lehrbuch des gemeinen deutschen Criminalrechts* (3ª edición, 1846), § 55, Kerstiing, *Das Strafrecht in Kurhessen* (1853), pág. 145 y ss.

de la ley transgredida. Esta idea encontró, en efecto, acogida en el Código Penal de *Würtemberg* de 1839, cuyo artículo 99 disponía:

> La falta de conocimiento de la ley no excluye la pena legal; solamente se hace excepción cuando por circunstancias especiales resulta la total inculpabilidad de tal ignorancia.

Aún más severas eran otras leyes. Así, el Código de *Hesse,* de 1841, en el artículo 41, decía:

> La ignorancia de la ley no excluye la imputación (Zurechnung) y tampoco el desconocimiento o el error con respecto a la clase y gravedad de la pena.

En *Prusia,* el Código Penal de 1851, § 44, establecía simplemente que en caso de ignorancia «de cualidades especiales en la persona del autor o de la de aquella en quien el hecho recae, o bien de circunstancias especiales en las cuales la acción fue ejecutada», la acción no debe atribuirse al autor como crimen o delito. La práctica, sin embargo, entendió esto como no referible al error de derecho[18].

Cuando más tarde se llegó a la preparación del Código Penal para la Federación Alemana del Norte, se quiso mantener la concepción fundamental del derecho prusiano, eliminando solamente algunas dudas relativas a otros temas. La Exposición de motivos del proyecto presentado (1869) por el Ministerio de Justicia prusiano, aclara, a este respecto, que los cambios son puramente de redacción, y al margen del § 52 expresamente habla de *error sobre hechos,* sin mencionar para nada al error de derecho. Este § 52 corresponde, en el Proyecto de 1872, al § 57, el cual coincide textualmente con el § 59 actualmente vigente. A pesar de que la redacción se apartó mucho de la del § 52 del primer proyecto, también en este caso la diferencia con el Código Penal prusiano es calificada como de mera redacción.

La investigación histórica, por lo tanto, habla precisamente ere *contra* de la afirmación de que el § 59 hace de la conciencia de la antijuridicidad un elemento constitutivo del dolo, y caen de un solo golpe dos argumentos de los opositores. Pero con esto el asunto no queda concluido. Pues siempre es posible preguntar, ¿se puede reprochar a alguien su proceder cuando no conocía el precepto jurídico que lo prohibía?

Contestar negativamente a tal pregunta fuera acaso posible si la conducta humana fuera solamente regida por el *derecho.* Pero junto a

[18] OPPENHOF, *Rechtsprechung des Obertribunals,* vol. 4, pág. 19; vol. 5, pág. 156.

éste se alzan los poderes de la *ética* y de la *moral*. Si se toma esto en cuenta, se ve bien que la reprochabilidad de un comportamiento no depende sin más ni más del conocimiento de la norma jurídico prohibitiva. Pues quien no sabe que una norma es una norma *jurídica*, bien puede conocerla como *ética*. Es perfectamente compatible con el error de creer que una acción es posible según *la ley*, la conciencia de que la *ética* no la admite. Y un legislador que considere sus normas como derivadas de una correcta ética social, bien puede tomar como suficiente reprochabilidad la de que el autor tuviera esta última conciencia, y en la falta de esta conciencia puede ver, a su vez, algo reprochable, siempre que no se trate de enfermedad mental.

El mismo criterio podría adoptar, sin embargo, un legislador que, como el romano o el del siglo xix, considerase a la ignorancia de la ley en sí misma como el incumplimiento de un deber.

Este resultado corresponde según mi firme convicción al derecho *positivo*. Es una cuestión muy diversa la de si ello es conforme al derecho *justo*. Esta pregunta, sin embargo, no puede ser contestada redondamente con un sí. Pues la presunción de que todos deben conocer la ley, en su generalización, resulta exagerada, porque la vinculación de las normas de muchas transgresiones pequeñas con la ética social es por demás laxa para que pueda presumirse en todos su conocimiento. Además, es perfectamente comprensible que a una acción prohibida *en general* la crea permitida en esas *determinadas circunstancias, sin que podamos reprocharle precisamente eso*. Así, tomando un ejemplo traído por BELING, en el caso del médico que acelera la muerte de un paciente para procurarle el bienestar de la eutanasia. Pero es totalmente inadmisible, que no deban poner a cubierto de pena las instrucciones de una autoridad, impartidas dentro del ámbito de su competencia.

Si todo esto no sirve para nada en el derecho vigente, debe exigirse con el mayor empeño que el *legislador futuro* sea más cauteloso en su reproche. Acaso podría tomar en cuenta como punto de partida el siguiente principio que en el proyecto de Código Penal de 1831 para el granducado de Hesse estaba enunciado como precepto:

La ignorancia de la ley no excluye la imputación, a menos que, no siendo la acción una de esas que son ya prohibidas por los principios de la religión o de la moral, el autor por ignorancia inculpable e insuperable de la ley penal vigente pudiera tener a su acción como permitida y no punible[19].

---

[19] Tomado de BREIDENBACH, *Kommentar über das Grossherzoglich Hessische*. St. G. B., vol. 1 (1842), pág. 551.

6

LAS RELACIONES psíquicas en las cuales se encuentra el actor doloso con su hecho, son caracterizadas ya con la expresión «voluntad» ya con la de «representación» (o también de previsión, de intención [Wissens] de conocimiento). Desde el ensayo que yo publiqué hace 17 años en el tomo X de la *Zeitschrift für die gesamte Strafrechtswissenschaft* (página 186 y siguientes), suele contraponerse una «teoría de la voluntad» y una «teoría de la representación». Esta contraposición pesa como un lugar común. El que estudia la teoría moderna de la culpabilidad recibe la impresión de que en ella se refleja la contraposición de dos diferentes concepciones del mundo. Y ello a pesar de que entonces (p. 170), dije: «Para designar la contraposición «con una breve frase», empleo a continuación las expresiones *teoría de la voluntad, teoría de la representación.* Advierto, sin embargo, que ello implica una contraposición más bien *formal* que interna, y espero así que con ello se hayan prevenido malos entendidos!» Pocas veces he sido tan engañado en una esperanza como en este caso, pues hoy a los enemigo? de la teoría de la representación solamente puedo dividirlos en los que me han entendido *mal* y los que me han entendido *peor.*

A los escritores de esta última categoría pertenecen BELINC, BIRKMEYER, V. BURI y LAMMASCH. Este último escribe en su *Grundriss des Strafrechts*[20]*:* «La esencia del dolo no puede ser peor desconocida de lo que es por la moderna teoría de la «representación» (FRANK, I.ISZT y otros). La expresión «proponerse algo» («sich etwas vorsetzen») que apunta a una actividad, a un querer, está diciendo ya que la previsión de un resultado no es todavía dolo con respecto al mismo, sino que a la función intelectual de la representación debe agregársele la emocional de la voluntad». En estrecha relación con estas críticas se encuentran las observaciones que BELING formuló en la 2? edición de sus Grunzüge (p. 54). Allí él califica de equivocado

---

[20] S. A. a. d., *Grundriss des Österreichischen Rechts,* 3ª edición (1906), pág. 23.

que la teoría de la representación se dé por satisfecha con la mera representación «con exclusión del elemento voluntario». En la tercera edición (p. 62) ha dado a la crítica una nueva forma y aclarado que la teoría de la representación «desconoce que al hombre no se le puede *responsabilizar* por el hecho de que en su alma surjan representaciones; las representaciones como tales, carecen de todo carácter culpable». Parece así no haber cambiado sustancialmente la valoración de la teoría de la representación hecha por BELING.

No tengo ningún motivo para meterme a defensor de v. LISZT; pero quisiera preguntar a los honorables colegas BELING y LAMMASCH en qué lugar me he mostrado yo partidario de eliminar del concepto de dolo el elemento voluntario. En verdad, ya en mis ensayos más viejos (p. 222) había dicho que a ningún partidario de la teoría de la representación se le había ocurrido alejar del derecho penal el concepto de voluntad; sino solamente que entendía que el elemento voluntario encontraba expresión bastante en el requisito de la *acción* (p. 218) de modo que no era necesario volverlo a traer en la definición del dolo. Una culpabilidad penal sin acción no me parecía siquiera concebible, y encontraba la culpabilidad en que el autor obre *a pesar* de tener la representación del efecto de su acción (p. 222). De tal modo, para mí el problema consistía exactamente en lo mismo que para el partidario de la teoría de la voluntad: yo *quería determinar cuando la actuación de la voluntad es dolosamente culpable.*

Las opiniones de BIRKMEYER[21] muestran cierto parecido con las recordadas. Dice que es un error de la teoría de la representación el de no ver en la voluntad (solamente) una manifestación de la representación. Mientras LAMMASCH y BELING afirman que la teoría de la representación eliminaría la voluntad, BIRKMEYER dice que no es eso lo que hace esa teoría, sino que *identifica* representación y voluntad. Es cierto que algunos psicólogos subordinan la voluntad a la representación, pero ignoro por qué puedo haber merecido que BIRKMETER, sin más ni más, me incluya en esa dirección, pues siempre he destacado que en el acto de voluntad, considerado como un todo, juega también junto a la representación una función psíquica particular a la cual de ningún modo le he negado la designación de querer[22].

Es posible que el rechazo de la teoría de la representación por parte de BIRKMEYER se comprenda por su punto de vista decididamente indeterminista. A lo menos, v. BURI, por su parte, consideraba

21 En su *Enzyklopadie,* § 16.

22 Confróntese, por ejemplo, mi artículo anterior, pág. 204.

a la teoría de la representación como derivación del determinismo[23]. Sin embargo, la circunstancia de que un decidido partidario de la falta de libertad en el querer, ROBERTO V. HIPPEL, se haya alzado contra la teoría de la representación con gran aspereza[24], muestra que la teoría de la representación no implica el determinismo o que el determinismo no conduce a la teoría de la representación. Al recoger el guante que se me ha arrojado, lo hago en la certeza de que sólo así puede alcanzarse una paz inmediata.

Mi ensayo repetidamente citado se divide en tres partes. En la primera, mediante el desarrollo histórico-dogmático, trato de mostrar que el dolo no queda determinado con claridad suficiente, al designárselo con el «querer el resultado». Que más bien es necesario remontarse a las representaciones actuantes en el acto de voluntad. Esto me llevó a la «teoría de la representación». En la segunda parte, examiné si psicológicamente es en general *admisible* hablar del «querer del resultado». Al contestar negativamente esta cuestión, nuevamente me encontré en la teoría de la representación. En la tercera parte, la construí detalladamente y establecí el siguiente principio:

«Dolo es la previsión (la conciencia) del resultado de mi acción, unida con el conocimiento de aquellas circunstancias que tornan punible la acción. La previsión se expresa:

1° En el juicio: el resultado *ocurrirá...* (previsión del resultado como *cierto) ;*

2° En el juicio: el resultado *debe* ocurrir... (previsión del resultado como *necesario);*

3° En el juicio: el resultado *puede* ocurrir... (previsión del resultado como *posible).*

Si la previsión del actuante se expresa mediante estos juicios, habrá dolo solamente cuando la previsión del resultado como cierto o necesario lo habría hecho abstenerse de obrar[25]. El que conozca mi *Kommentar* al C. P., sabe que de manera alguna he mantenido esta formulación. He abandonado, en efecto, la diferencia entre previsión del resultado como cierto y como necesario, y he adoptado, en cambio, el principio según el cual el autor se encuentra en dolo con respecto al resultado deseado, «propuesto» (erstrebten, «beabsichtigen») sea que se lo represente como seguro o como posible. Ahora mi definición del dolo dice así:

23 *Gerichtsaal,* vol. 43, pág. 243.
24 Die *Grenzen von Vorsatz und Fahrlässigkeit* (1903).
25 Op. cit., pág. 217.

Dolo es el conocimiento de las circunstancias de hecho que pertenecen al Tatbestand legal o que agravan la penalidad, concomitante con la actuación voluntaria[26].

Con respecto a mi viejo trabajo y a la 3ª y 4ª edición de mi *Kommentar,* v. Hippel adopta la siguiente posición: Dice que es perfectamente admisible hablar de «querer el resultado». La única teoría del dolo correcta sería la teoría de la voluntad. Esta es la que conduce a los principios establecidos ahora por mí. Para saber cuándo debe computarse como doloso el resultado representado sólo *como posible,* sólo sería correcta «la fórmula de Frank». Pero Frank no habría logrado *fundar* correctamente esta fórmula, por partir del punto de vista de la teoría de la representación. La fundamentación solamente es alcanzable por medio de la teoría de la voluntad. En verdad, Frank sería también un partidario de ésta; y la definición dada en su *Kommentar* sólo sería una definición aparente. (Scheindefinition).

No voy a replantear ahora la cuestión de saber si es psicológicamente correcto decir que el resultado es querido. Puede ser muy bien que esa manera de decir no se aleje de las ideas de ciertas teorías psicológicas tanto como a mí me parecía entonces. Todo esto no afecta mi idea básica en nada esencial, ya que esta partirá de que la expresión «voluntad del resultado» no es suficientemente clara y que para otorgarle un sentido más claro, debía volverse al contenido representativo que acompaña al acto voluntario.

Esto no era, por cierto, nada nuevo ni tenía porque serlo, pues toda la literatura general pertinente desde el final del siglo XVIII, cuando no anda meramente en la superficie, se ha preocupado de averiguar que *significa* querer un resultado. ¿Qué representación debe haber tenido del resultado el actor, de modo que pueda decírsele que lo ha querido?[27]. Para el propio v. Hippel, el núcleo de la cuestión es éste: *¿cuándo es querido el resultado representado?*

Al examinar esta cuestión, v. Hippel llega exactamente al mismo resultado que yo. La diferencia se reduce a que v. Hippel, a la serie lógica: representacióndolo, le encaja como un término medio el querer. Dice así: hay dolo cuando el resultado es querido; pero el resultado es querido cuando es representado en la forma *a, b* o c. Yo digo que el término voluntad es superfluo: hay dolo cuando el resultado fue representado en la forma a, b o c.

---

[26] En forma muy similar ya Lucas, *Die subjektive Verschuldung* (1882), pág. 8.

[27] Véase, al respecto, el «panorama histórico» en Krug, *Uber Dolus und Culpa* (1854).

Pero no son los resultados de mi investigación contra lo que v. HIPPEL polemiza, sino contra el *método.* Contra mí y contra otros partidarios de la teoría de la representación, en realidad, se dirige de esta manera: sólo aparentemente os ponéis a definir el dolo por la representación. Negáis, en efecto, en parte, la admisibilidad y en parte la utilidad de la expresión «resultado querido»; pero en el fondo de todas vuestras deducciones éste ha sido, sin embargo, el concepto que corresponde a esas expresiones. Pues si realmente se acepta que la *representación* del resultado completa al dolo, tal debería hacerlo *cualquier* representación, cosa que vosotros mismos no aceptáis. Vosotros excluís una gran cantidad de casos en los cuales el resultado es representado solamente como *posible.* Aquí vosotros nos llamáis a nosotros, partidarios de la teoría de la voluntad para ayudaros, ya que a pesar de diferentes expresiones, en realidad, siempre queréis decir: la representación del resultado como posible, es suficiente solamente cuando el resultado es *querido.*

A lo cual yo respondo: los partidarios de la teoría de la representación no han tenido jamas por suficiente a la representación para integrar el concepto de dolo, sino sólo a la representación *en su relación con el acto de voluntad.* Pues parten, según ya dije, de que no puede haber culpabilidad alguna sin acción, esto es, sin el concurso de la voluntad. Pero para la relación entre representación y voluntad son importantes los siguientes casos:

1°) *la representación* del *resultado* ha determinado o codeterminado *al autor a obrar.* Entonces, el resultado es previsto, propuesto[28] (beabsichtig, erstrebt). El reproche que alcanza al autor en este caso es el más grave. Cuando *de* él se podía esperar que por la representación del resultado se *abstendría* de obrar, él, al contrario, por ella se *determinó* a la acción.

2°) *La representación* del *resultado no ha detenido al autor de obrar.* Es decir, el autor no ha acordado influencia alguna sobre su voluntad a la representación. Por esto a él le puede ser hecho el reproche inmediatamente próximo al precedente cuando se ha representado el resultado como *seguro.* Si, en cambio, solamente se lo ha representado como *probable,* no queda expuesto derechamente al mismo reproche. Acaso esperó evitarlo; acaso hasta tuvo la representación de poder *desviar* el influjo dañoso antes de determinarse a obrar. El reproche debe ser aproximadamente el mismo solo cuando la diferencia entre seguro y probable carecía de importancia para el autor; cuando él habría actuado *en todo caso* tal como actuó.

---

28 Sobre ello, véase especialmente M. E. MAYER, *Die schuldhafte Handlung* (1901), pág. 64 ss.

Y este es el punto en el cual de nuevo he encontrado el acuerdo de v. HIPPEL. Según se ve, llegó a él sin hablar de querer el resultado. Esta forma tiene *una* ventaja, consistente en que *tal vez* es capaz de abarcar unitariamente todos los casos de representación del resultado constitutivo del dolo. Pero tiene esta capacidad sólo *tal vez,* esto es, conviniendo en no tomar el «querer del resultado» en el sentido usual y común, en el cual solamente se refiere al resultado *propuesto,* sino en un sentido más amplio, de modo que abarque también ciertos resultados solamente previstos.

Siguiendo mi concepción, la pretendida contraposición entre teoría de la voluntad y teoría de la representación queda despojada de importancia real. ¡Un *pereat* a las consignas! Por mucha que sea la prudencia del autor —y yo me puedo jactar de ella— la capacidad de ellos para crear contraposiciones carentes de fundamento real se cumple a pesar de todo.

Según lo he dicho, en definitiva v. HIPPEL está de acuerdo conmigo. Creo haber rechazado sus críticas contra el método que he seguido. Como disidencia jurídica queda, pues, solamente la afirmación de que mi definición del dolo no sea más que aparente.

En este punto debo reconocer que ella, entendida como definición de la *culpabilidad* dolosa, no es totalmente invulnerable. El dolo es un elemento de la culpabilidad, esto es, una circunstancia que unida con varias otras compone la culpabilidad. Ahora bien, la representación, la previsión, el saber, el conocer, ni en sí mismos ni juntos con la imputabilidad o con las circunstancias en las cuales se obró pueden ser designados como culpabilidad. Pero en realidad el momento culpable tampoco lo he encontrado yo en el simple conocer, sino en el conocimiento *que acompaña* a la acción, a la actuación voluntaria. Esto, sin embargo, tampoco es absolutamente correcto. Lo culpable consiste en *no dar importancia* (Nichterhebung) a *ciertas representaciones como motivos contrastantes decisivos.* Por eso, sería más justo decir: *es doloso el obrar del que el autor no se habría abstenido por la representación de las circunstancias de hecho.*

Entonces restaría la objeción de que, en definitiva tampoco *todas* esas representaciones constituyan dolo. Y si se quisiera recargar la definición del dolo todavía con la diferencia de los grados de representación, difícilmente podría aquélla cumplir con el objeto de ser una *breve* síntesis de algunas ideas. Además, se debe pensar que tampoco sería posible evitar aclaraciones especiales definiendo el dolo como *voluntad* del resultado. Pequeñas incorrecciones *intra muros et extra!* No sé qué es peor, si las consecuencias que yo reconozco más arriba o las de la teoría de la voluntad, según la cual —según lo ha observado V. LISZT,[29] —debiera también decirse que el ladrón «quiere» que la cosa hurtada sea ajena.

Desde que la teoría de la representación logra invocar victoriosamente a su favor el principio según el cual el dolo del autor puede tender a un resultado que no es propuesto, la polémica es solamente terminológica, según lo ha destacado, en realidad, HAFTER[30], además de v. LISZT. El legislador del futuro deberá plantearse el problema de que acaso debe introducir dentro de la inculpación dolosa diferentes *grados*[31], y para decidir esta cuestión le proporcionará un rico material la polémica que ha llevado a una contraposición evitable de las teorías.

Para la reconstrucción dogmática del derecho, es de la mayor importancia el principio arriba señalado de que el concepto de culpabilidad comprende las *circunstancias concomitantes.* Es de desear que el debate centre más sobre estas que sobre el agotado contraste de las teorías de la voluntad y de la representación.

Aprovecho la oportunidad de estas disquisiciones psicológicas para llamar la atención de mis colegas sobre una distinción que en psicología moderna juega algún papel, cual es la distinción entre *el objeto* y el *contenido* de la conciencia.

Yo sé algo, «pero tal vez mi ojo espiritual no está dirigido a esa región» «no lo aprehendo» (ich fasse sie nicht auf) a pesar de lo cual es *contenido de* mi conciencia pero en ese momento no es su objeto[32].

Por eso, para los juristas se presenta esta cuestión: *¿requiere el dolo que lo que yo sé lo piense además en el momento de la acción?* Por ejemplo, ¿depende la condena por seducción de que el autor no solamente conozca la minoridad de la muchacha, sino que también piense en ella? Que yo sepa, este problema hasta ahora apenas ha sido rozado por la literatura criminalística. Por ahora soy de opinión de que el *resultado* debe ser *pensado,* que, en cambio, para las restantes *circunstancias de hecho* hasta que sean también *habidas. El legislador* del futuro deberá hacer de esta cuestión el *objeto* de su conciencia!

---

29 *Lehrbuch,* § 39, nota 3.

30 Sobre ello, véase especialmente LÖFFLER, op. cit., pág. 5 ss. 10.

31 *Schweizer Zeitschrift für Strafrecht,* vol. 17, pág. 186.

32 LIPPS, *Leitfaden der Psychologie,* 2ª edición (1906), págs. 5, 6.

ESTRUCTURA DEL CONCEPTO DE CULPABILIDAD,
de REINHARD FRANK, se imprimió
en la República Argentina en abril de 2021.

Made in the USA
Monee, IL
18 October 2026

66035254R00044